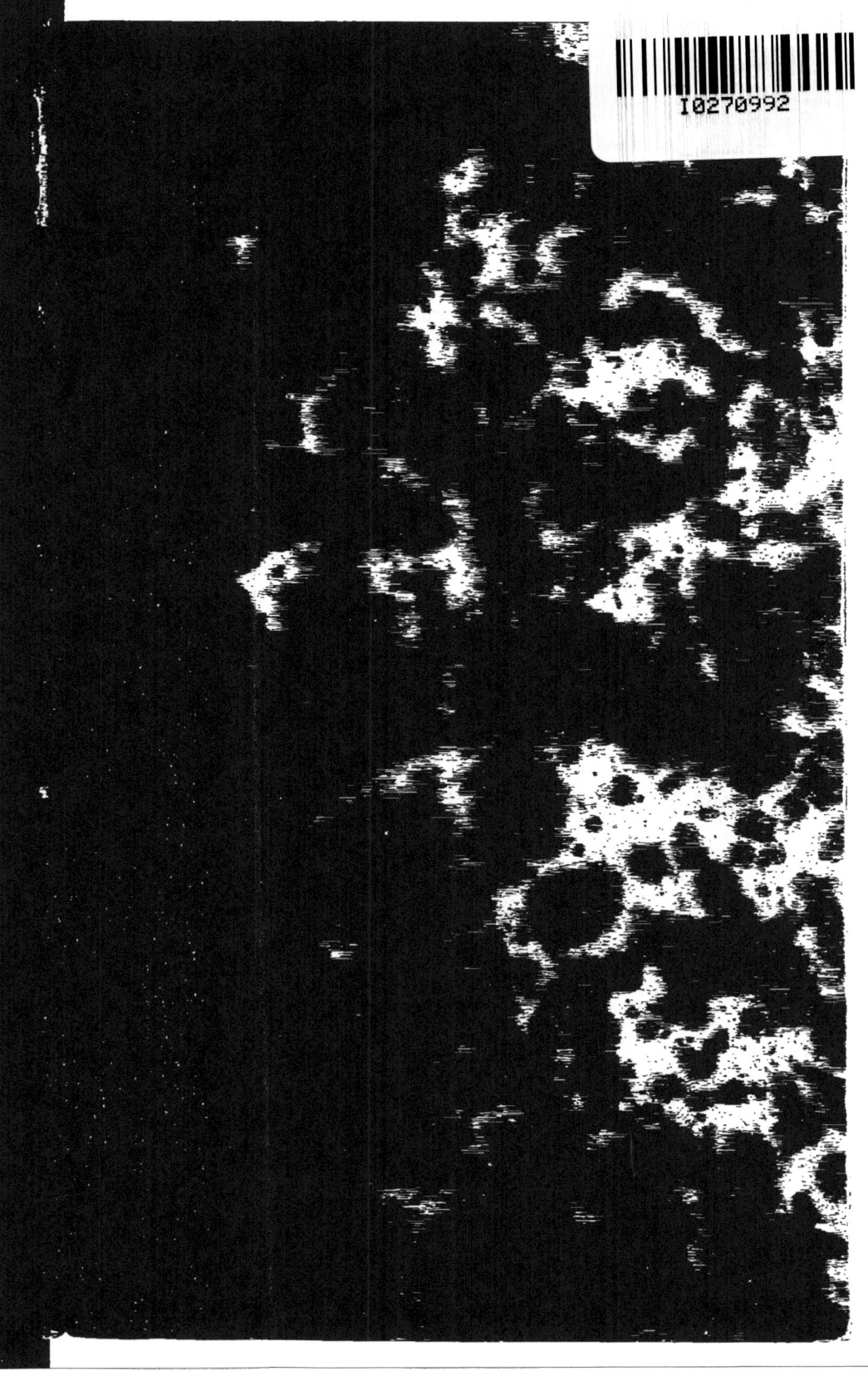

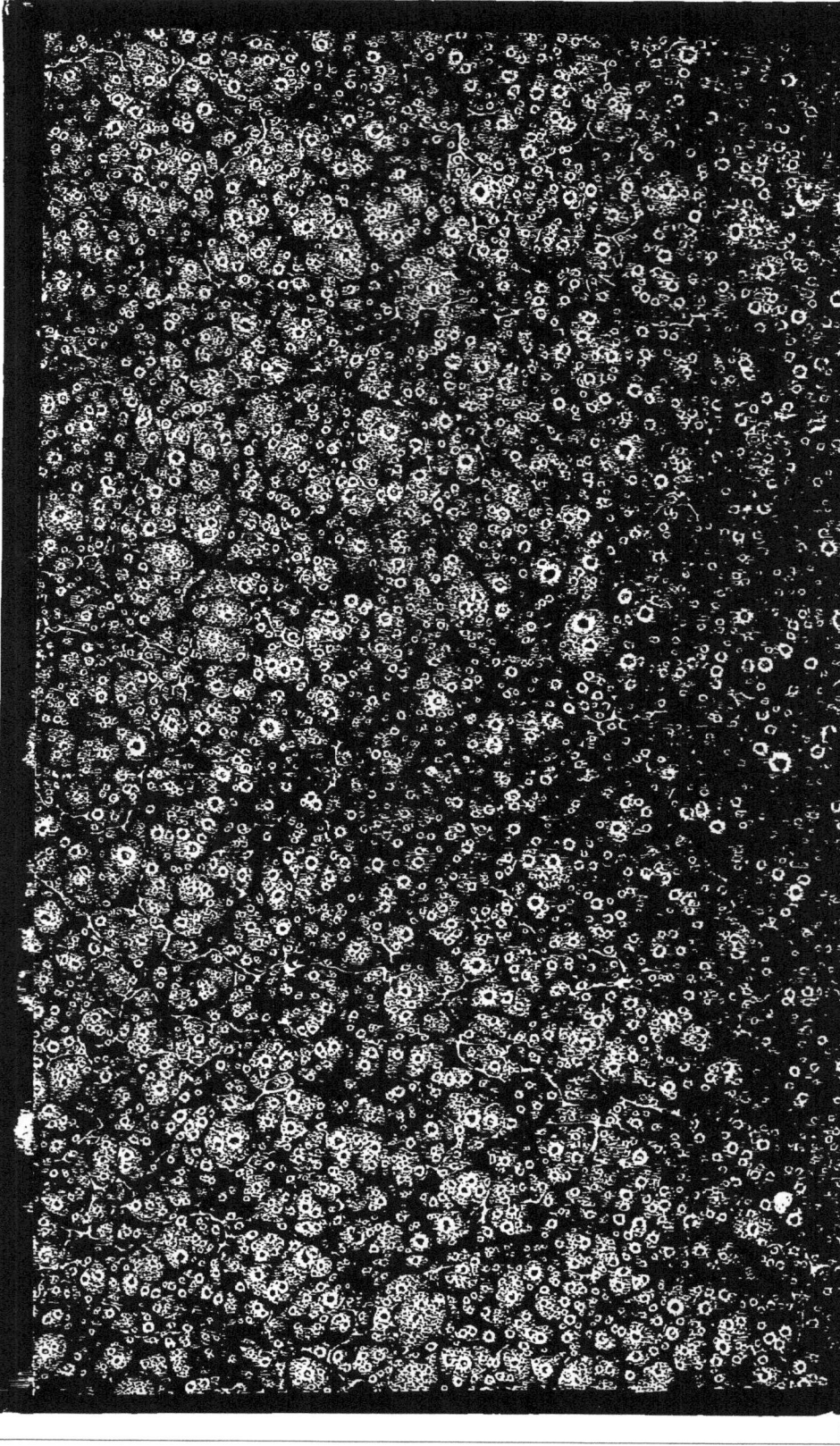

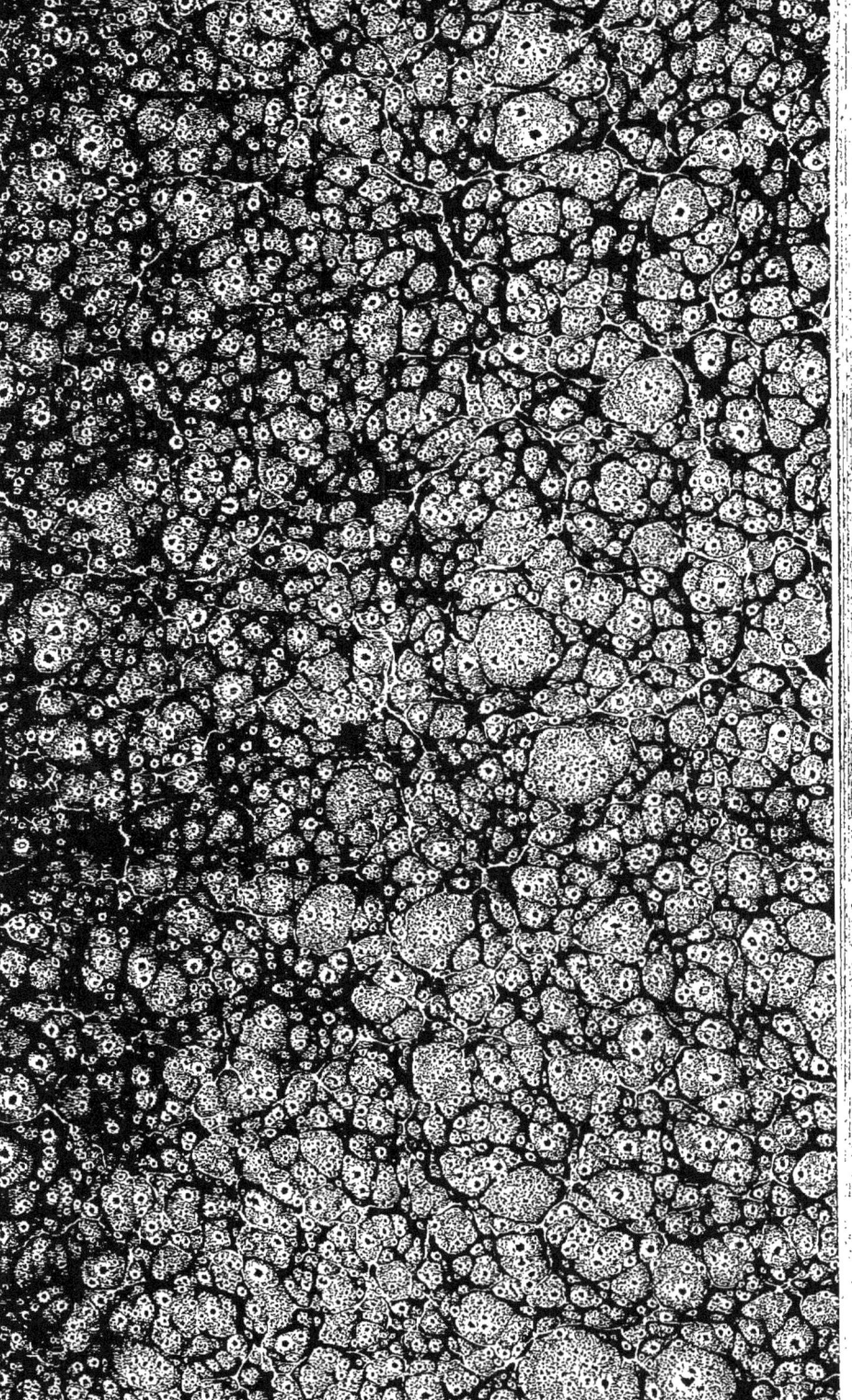

CONNAISSANCES
HISTORIQUES
DES PRINCIPAUX FAITS
ET ÉVÉNEMENTS

CONCERNANT LES EGYPTIENS, LES ASSYRIENS, LES PERSES, LES GRECS, ETC., AVEC LES COUTUMES, MOEURS, RELIGIONS DE CES PEUPLES, ET L'HISTOIRE DES SAVANTS LES PLUS RENOMMÉS DE L'ANTIQUITÉ.

Par

L.-N.-. BAUDOUIN,

FONDATEUR ET DIRECTEUR DE L'ÉCOLE COMMUNALE DE BRISSAC (Maine et Loire).

Angers,

IMPRIMERIE DE LAUNAY-GAGNOT.

1838.

AVERTISSEMENT.

De tous les ouvrages qui ont traité de l'histoire des anciens peuples, il n'en est pas, sans contredit, qui l'aient été avec plus de science, plus de profondeur que celui du célèbre Rollin. Après lui, l'abbé Tailhé réduisit cet ouvrage à un nombre moins considérable de volumes, persuadé qu'il était, que l'immensité de celui de Rollin ne pouvait convenir qu'à des hommes fort instruits, et par conséquent en état de saisir promptement les fils qui enchaînent les événements.

VIII

Cette nouvelle histoire cependant ne laissait pas que de présenter encore de nombreuses difficultés, quoique réduite à cinq tomes, et dès lors j'ai pensé qu'un abrégé de cette histoire, qui elle-même n'est qu'un abrégé, pourrait être de la plus grande utilité pour la jeunesse studieuse, en réunissant dans un seul volume tout ce qu'il y a de plus intéressant à connaître sur les peuples qui ont eu de la célébrité dans l'antiquité, jusqu'à ce que les Romains s'en fussent rendus maîtres.

C'est donc l'abrégé de l'abrégé de l'histoire ancienne de Rollin que j'ai eu la témérité d'entreprendre. J'en demande pardon au lecteur, et j'accepte d'avance mille fois, et plus s'il le faut, l'épithète de plagiaire. Eh! comment ne le serait-on pas pour écrire l'histoire ancienne! De quels documents se servirait-on pour instruire le nouveau monde, si des écrivains illustres, si des savants qui ont vécu avant nous, ne nous avaient transmis leurs œuvres? Je le demande à tout homme sensé : quel est celui qui pourrait construire un bâtiment sans matériaux. Quel est celui qui pourrait répandre des connaissances parmi les hommes, si lui-même, par des études souvent pénibles, n'avait acquis assez d'expérience chez les autres, pour la transmettre à son tour à d'autres générations.

Le plan que l'abbé Tailhé a suivi dans son abrégé, n'est pas le même que le mien. Il a cru devoir entremêler l'histoire d'un peuple avec celle d'un autre peuple, c'est-à-dire qu'en rapportant (par exemple) ce qui concerne l'Egypte, il a, tout à la fois, traité de l'histoire des peuples de cette contrée, et raconté les faits qui se rattachent à celle d'autres peuples, de telle sorte que la mémoire la plus heureuse ne peut conserver le souvenir des choses qui l'ont le plus intéressée.

Pour rendre donc l'étude des principaux faits et événements de l'histoire ancienne facile et à la portée de tout le monde, particulièrement des jeunes gens qui se livrent à des recherches historiques, j'ai cru devoir rapporter, sans interruption, tout ce qui concerne chaque pays et chaque peuple. Le lecteur comprendra facilement qu'il m'a fallu lire et relire bien des fois toute l'histoire pour atteindre le but que je me proposais.

Cet abrégé est dégagé de toute réflexion sur le caractère, les mœurs des princes régnants et sur les coutumes des habitants. Je n'ai pas cru devoir m'y livrer : j'ai préféré les abandonner à la sagacité du lecteur, quoique, dit-on, elles soient l'âme d'une histoire. Je les ai abandonnées, parce que la plupart du temps, elles sont critiquées par les uns, approuvées en partie par les autres, et le plus souvent lues sans intérêt par la masse.

Enfin, si cet abrégé est reconnu par le public pour être utile et intéressant, je me trouverai suffisamment dédommagé des peines et des soins que j'y ai apportées.

Baudouin cel

Tous les exemplaires qui ne seront pas revêtus de la griffe ci-dessus, seront reputés contrefaits.

ÉGYPTE.

L'Egypte est un royaume d'Afrique qui renfermait autrefois un grand nombre de villes et une multitude incroyable d'habitants. (On comptait dix-huit mille villes et seize millions d'habitants.

Elle est bornée au levant par la mer Rouge, et l'isthme de Suez, au couchant par la Lybie, au nord par la mer Méditerranée, et au midi par l'Ethiopie.

Le Nil parcourt, du midi au nord, toute la longueur de l'Egypte, dans l'espace de deux cents lieues environ : la plus grande largeur de ce pays est de cinquante lieues.

L'Egypte est la monarchie la plus ancienne dont nous ayons connaissance.

L'histoire ancienne d'Egypte comprend 2158 ans, et elle se divise en trois parties.

La première commence à l'établissement de la monarchie égyptienne, fondée par Ménès ou Mesraïm, fils de Cham, qui fut le premier roi, l'année du monde 1816, et finit à la destruction de cette même monarchie, par Cambyse, roi de Perse, l'an 3479. Cette première partie comprend donc 1663 ans.

La seconde partie est mêlée avec celle des Perses et des Grecs, et s'étend jusqu'à la mort d'Alexandre-le-Grand, arrivée en 3681, et renferme par conséquent deux cent deux ans.

La troisième est celle où s'est élevée en Egypte une nouvelle monarchie sous les Lagides, c'est-à-dire sous les Ptolémées, descendants de Lagus, jusqu'à la mort de Cléopâtre, dernière reine d'Egypte, en 3974. Ce dernier espace renferme 293 ans.

Ménès, premier roi d'Egypte, y établit le culte des dieux et les cérémonies des sacrifices.

HAUTE ÉGYPTE OU THÉBAIDE.

La grande ville de Thèbes fut bâtie par Busiris, successeur de Ménès, qui en fit le siège de l'empire. Cette ville qui était la partie la plus méridionale de l'ancienne Egypte, le pouvait disputer aux plus belles villes de l'univers. Elle avait cent portes, et fut surnommée pour cette raison Hécatompyle, pour la distinguer de Thèbes, capitale de la Béotie. Les Grecs et les Romains ont célébré sa magnificence et sa grandeur.

Osymandias, successeur de Busiris, fit construire plusieurs édifices magnifiques, dont l'un entr'autres était orné de sculptures et de peintures d'une beauté parfaite, qui représentaient son expédition contre les Bactriens.

Il forma une magnifique bibliothèque, la plus ancienne dont il soit parlé dans l'histoire. Elle avait pour titre : *Le trésor des remèdes de l'âme.*

ÉGYPTE DU MILIEU OU HEPTANOME.

Cette partie de l'Egypte avait pour capitale Memphis, qui avait été bâtie par le roi Uchoréus ou Ochoréus. Elle était située sur le bord occidental du Nil.

On voyait dans cette ville plusieurs temples magnifiques, entr'autres celui du dieu Apis, qui y était honoré d'une manière particulière. Le dieu Apis était un jeune bœuf qu'on honorait à Memphis comme un dieu.

Cette ville avait plus de sept lieues de circuit ; elle était placée à la pointe du Delta, à l'endroit où le Nil se partage en plusieurs branches.

Cette situation avantageuse la fit devenir bientôt le centre du commerce et la demeure ordinaire des rois. Elle conserva cet avantage jusqu'au temps où Alexandre-le-Grand, fit bâtir Alexandrie.

Le grand Caire, qui semble avoir succédé à Memphis, a été bâtie de l'autre côté du Nil. Le château du Caire est une des choses les plus curieuses qui soient en Egypte ; dans ce château on y voit le puits de Joseph.

Ce puits est comme à double étage, taillé dans le roc vif, d'une profondeur prodigieuse. On descend dans le réservoir qui est entre les deux puits, par un escalier de 220 marches, larges d'environ sept à huit pieds, dont la descente douce, et presque imperceptible, laisse un accès très-facile aux bœufs qui sont employés pour faire monter l'eau. Ces bœufs font tourner continuellement une roue où tient une corde, à laquelle sont attachés plusieurs seaux. L'eau tirée ainsi du premier puits, qui est le plus profond, se rend par un petit canal dans un réservoir qui fait le fond du second puits, au haut duquel elle est portée de la même manière, et de là elle se distribue par des canaux en plusieurs endroits du château.

Mœris, successeur de Uchoréus, pour remédier à l'irrégularité des inondations du Nil, fit creuser un lac immense pour en recevoir les eaux quand les débordements étaient trop grands et qu'il y avait à craindre des suites fâcheuses, et pour se procurer une quantité d'eau suffisante pour arroser les terres, quand l'inondation n'était pas assez abondante et menaçait de stérilité.

Ce lac communiquait au Nil par le moyen d'un grand canal qui avait plus de quatre lieues de longueur et cinquante pieds de largeur. De grandes écluses ouvraient le canal et le lac, ou les fermaient selon le besoin. Pour les ouvrir ou les fermer, il en coûtait 50 talents ou 50,000 écus.

Ce lac, nommé lac de Mœris, est considéré comme le plus grand et le plus admirable de tous les ouvrages des rois d'Egypte.

BASSE ÉGYPTE.

La basse Egypte forme une espèce d'île. Sa capitale était la ville d'Héliopolis, ainsi appelée à cause d'un temple magnifique qui était dédié au soleil. Sa figure qui ressemble à un triangle ou à un delta, lui a fait donner ce nom, qui est celui de la quatrième lettre de l'alphabet grec.

Elle commence à l'endroit où le Nil se divise en deux grands canaux, par lesquels il va se jeter dans la mer Méditerranée.

ROIS PASTEURS.

Pendant plus de cent ans, l'Egypte avait été gouvernée par des princes nés dans le pays même, lorsque des étrangers, qu'on nomma rois pasteurs, Arabes ou Phéniciens, s'emparèrent d'une grande partie de la Basse-Egypte et de Memphis.

La domination de ces princes étrangers dura environ 260 ans.

C'est sous l'un de ces rois pasteurs, appelé Pharaon, nom commun à tous les rois d'Egypte, qu'Abraham passa dans ce pays avec sa femme.

Amosis chassa les rois pasteurs de la Basse-Egypte, et remonta sur le trône de ses ancêtres.

Environ cent ans après, Joseph, arrière petit-fils d'Abraham, fut mené en Egypte par des marchands ismaélites, vendu à Putiphar, et par une suite d'événements merveilleux, conduit à une suprême autorité, et élevé à la première place du royaume.

SUITE DES ROIS D'ÉGYPTE.

Après Amosis, un historien croit que Ramesses-Miamum fut roi, qu'il régna soixante ans et eut pour successeur son fils Aménophis.

Aménophis est ce Pharaon sous lequel les Israélites sortirent d'Egypte, et qui fut submergé au passage de la mer Rouge.

Sésostris, fils du roi Aménophis, monta sur le trône l'an du monde 2513 et l'an 1491 avant Jésus-Christ.

Son père fit amener à la cour tous les enfants qui étaient nés le même jour que Sésostris ; il les fit élever avec lui et avec les mêmes soins. On les accoutuma dès le plus bas âge, à une vie dure et laborieuse, pour les mettre en état de soutenir un jour les fatigues de la guerre. La course à pied et à cheval, et la chasse, étaient leur exercice le plus ordinaire.

Quand Sésostris fut assez avancé en âge, il porta la guerre en Arabie, et du côté de la Lybie et revint victorieux.

Plus tard il forma une armée qui montait à six cent mille hommes de pied, et à vingt-quatre mille chevaux, sans compter vingt-sept mille chars armés en guerre.

Il commença son expédition par l'Ethiopie, qu'il rendit tributaire.

Au retour de cette expédition, il soumit les côtes et les îles de la mer Rouge. Il parcourut ensuite l'Asie, il soumit le pays au-delà du Gange, et s'avança jusqu'à l'Océan. Il fit encore la conquête de l'Asie mineure, de la

Scythie, jusqu'au Tanaïs, en sorte que son empire s'étendait depuis le Gange jusqu'au Danube.

On lui reproche d'avoir fait inscrire sur les monuments qu'il faisait ériger dans les pays conquis, cette inscription fameuse et insolente : *Sésostris, le roi des rois, et le seigneur des seigneurs, a conquis ce pays par ses armes.*

Sésostris récompensait ses officiers et ses soldats avec une magnificence vraiment royale. Il voulait que les compagnons de ses victoires pussent jouir paisiblement, le reste de leur vie, du juste fruit de leurs travaux.

Il fit construire un grand nombre de hautes levées dans toute l'étendue de l'Egypte, sur lesquelles il bâtit de nouvelles villes et beaucoup de canaux pour faciliter le commerce, le transport des vivres, et pour établir une communication aisée entre les villes les plus éloignées les unes des autres.

Devenu aveugle dans sa vieillesse, il se donna la mort, après avoir régné trente-trois ans, et laissé l'Egypte extrêmement riche.

Sésostris a été non-seulement l'un des plus

1*

puissants rois qu'ait eut l'Egypte, mais encore l'un des plus grands conquérants que vante l'antiquité. Il eût été un des héros les plus illustres s'il n'eût terni l'éclat de ses exploits guerriers, par la folle et inhumaine vanité de faire atteler à son char les rois et les princes vaincus, quatre à quatre, au lieu de chevaux, et de se faire ainsi traîner par eux.

Phéron succéda aux états de Sésostris son père, mais non à sa gloire. Son règne n'est remarquable par aucune action digne d'être rapportée.

Protée régna 253 ans après Phéron. (L'intervalle qui s'est écoulé entre ces deux règnes, ne présente aucune utilité.)

Il ne se passa rien de remarquable sous le règne de Protée, si ce n'est que Pâris le troyen, qui retournait chez lui avec Hélène qu'il avait ravie, lui fut conduit à Memphis, et qu'il lui reprocha son crime et sa perfidie. Il lui ordonna de sortir de ses états dans l'espace de trois jours, et il retint Hélène avec ses richesses, pour les restituer à leur légitime possesseur.

Rampsinit n'est guère connu dans l'histoire

que comme le plus riche de tous les rois d'Egypte.

Chéops et Chephren étaient deux princes barbares qui firent périr un grand nombre d'hommes.

Micérinus était fils de Chéops, mais d'un caractère bien différent. Il faisait goûter à ses sujets la douceur d'un règne équitable et paisible : aussi était-il infiniment chéri dans toute l'Egypte. Ce prince ne régna que sept ans et mourut très-regretté.

Asychis établit la loi sur les emprunts, par laquelle il n'était permis à un fils d'emprunter qu'en mettant en gage le corps mort de son père. Cette loi ajoutait que s'il n'avait soin de le retirer en rendant la somme empruntée, il serait privé pour toujours, lui et ses enfants du droit de sépulture.

Pharaon, qui régna l'an du monde 2991 et l'an 1013 avant Jésus-Christ, est celui qui donna sa fille en mariage à Salomon, roi d'Israël.

Sesac monta sur le trône l'an du monde 3026, il donna retraite à Jéroboam, qui se réfugia vers lui, pour éviter la colère de Salomon qui voulait le faire mourir. Il marcha vers Jérusalem, et se rendit maître des plus fortes places du royaume de Juda. Il emporta tout avec lui, et même les trois cents boucliers d'or que Salomon avait fait faire.

Zara fit la guerre à Asa, roi de Juda, ses soldats prirent la fuite et furent défaits sans qu'il en restât un seul.

Anysis qui était aveugle, fut détrôné par Sabacus, roi d'Ethiopie qui régna cinquante ans et laissa ensuite le trône à Anysis, qui s'était tenu caché, pendant tout ce temps, dans les marais.

Séthon ne fit rien de remarquable.

Tharaca succéda à Séthon et monta sur le trône l'an du monde 3299, il le tint pendant dix-huit ans. Après sa mort, l'Egypte fut déchirée pendant deux ans par des guerres civiles, et elle se soumit à douze rois.

GOUVERNEMENT DES DOUZE ROIS.

Le gouvernement de ces douze rois commença l'an du monde 3319. C'étaient douze des principaux seigneurs, qui, s'étant ligués ensemble, se saisirent du royaume et le partagèrent entre eux en douze parties.

Ils régnèrent pendant quinze ans dans une grande union, et bâtirent, de concert et à frais communs, le fameux labyrinthe dont il sera parlé au chapitre sciences et arts.

Un oracle avait prédit que celui d'entre eux qui aurait fait des libations à Vulcain, dans un vase d'airain deviendrait le maître de l'Egypte.

Un jour que les douze rois assistaient dans le temple de Vulcain, à un sacrifice solennel qui s'y faisait régulièrement dans un certain jour marqué, les prêtres ayant présenté à chacun d'eux une coupe d'or pour faire des libations, il se trouva qu'il en manquait une, et Psammétique, l'un des douze, sans aucun dessein prémédité, au lieu de coupe prit son casque d'airain, et s'en servit pour faire des libations. Cette circonstance frappa les autres, et leur rappela le souvenir de l'oracle. Ils se saisirent alors de Psammétique et le reléguèrent dans les pays marécageux de l'Egypte.

Après quelques années d'exil, Psammétique,

soutenu des troupes grecques et de quelques autres du pays qu'il avait levées sous main, vint attaquer les onze rois, les défit et demeura seul maître de l'Egypte.

Psammétique régna 54 ans et mourut l'an vingt-quatrième de Josias, roi de Juda.

Néchao, fils de Psammétique, monta sur le trône l'an du monde 3388.

Ce prince eut une guerre à soutenir contre les Babyloniens, il les battit et prit la ville de Charcanius, dont il s'assura la possession par une garnison qu'il y laissa, et reprit, au bout de trois mois, le chemin d'Egypte. La prise de Charcanius lui valut la soumission de la Palestine et de la Syrie, qui s'étaient détachées de l'obéissance de Nabopolassar, roi de Babylone, mais celui-ci envoya Nabuchodonosor, son fils, qui battit l'armée de Néchao, reprit Charcanius et fit rentrer dans le devoir les provinces soulevées.

Néchao se trouva dépouillé de ses conquêtes et fut forcé de se renfermer dans ses anciennes limites. Il régna vingt-quatre ans.

Psammis succéda à Néchao. Il fit une expédition en Ethiopie, et ne régna que six ans.

Apriès succéda à son père Psammis.

Il porta ses armes contre l'île de Chypre, qu'il conquit et rendit tributaire. Il attaqua par terre et par mer la ville de Sidon, la prit et se rendit maître de toute la Phénicie et de toute la Palestine.

Les Egyptiens étaient tyrannisés par Apriès, et ils crurent devoir secouer le joug d'un prince qu'ils regardaient comme leur ennemi. Apriès ayant appris cette révolte, leur envoya Amasis, un de ses officiers, pour les apaiser et pour les faire rentrer dans le devoir; mais lorsque Amasis eut commencé à leur parler, ils lui mirent sur la tête un casque pour marque de la royauté et le proclamèrent roi. Amasis ayant accepté la couronne qu'ils lui offraient, demeura avec eux et les confirma dans leur révolte.

Apriès, à cette nouvelle, encore plus irrité, envoya Patarbémis, l'un des principaux seigneurs de sa cour, pour arrêter Amasis et le lui amener, mais Patarbémis n'ayant pu enlever Amasis, il fut traité à son retour par Apriès de la manière la plus indigne et la plus cruelle ; ce prince lui fit impitoyablement couper le nez et les oreilles.

Ce nouvel outrage irrita si fort les Egyptiens, que la révolte fut générale. Apriès fut obligé de se sauver dans la haute Egypte, tandis qu'Amasis occupa tout le reste de ses états.

Le roi de Babylone profitant des divisions intestines qui existaient en Egypte, s'avança avec son armée et subjugua ce pays. Il le réduisit dans une si grande désolation, qu'il ne put se rétablir de quarante ans. Cependant Nabuchodonosor fit un accommodement avec Amasis, et après l'avoir confirmé dans la possession du royaume comme vice-roi, il reprit le chemin de Babylone.

Apriès sortit alors de sa retraite, il amassa quelques troupes, marcha contre Amasis, et lui livra bataille près de la ville de Memphis. Ayant été battu et fait prisonnier; il fut mené à la ville de Saïs, et y fut étranglé dans son palais.

Telle fut la fin de ce prince orgueilleux et inhumain qui régna vingt-cinq ans.

Amasis, après la mort d'Apriès, devint paisible possesseur de toute l'Egypte.

Il obligea les particuliers dans chaque ville, d'inscrire leurs noms chez le magistrat, et de marquer de quelle profession ou de quel métier ils vivaient.

Par la douceur et par la raison, il se fit infiniment respecter de tous les peuples d'Egypte.

Psamménite succéda à Amasis son père. Il ne fut que six mois sur le trône. Cambyse, roi de Perse, fils de Cyrus, l'ayant vaincu et fait prisonnier, on lui fit boire du sang de taureau, dont il mourut à l'instant même.

De cette époque, l'an du monde 3479, l'Egypte devint une province de l'empire des Perses.

SECONDE PARTIE DE L'HISTOIRE D'EGYPTE.

Trente-neuf ans après la réunion de l'Egypte à la Perse, les Egyptiens se révoltèrent presque tous; Darius, fils d'Hystaspe, fut obligé d'aller en Egypte pour apaiser cette révolte qu'il étouffa heureusement.

Vingt-six ans plus tard, les Egyptiens, fatigués de se voir sous le joug d'une domination étrangère, se révoltèrent et prirent Inarus, prince Lybien, pour leur roi.

Ils appelèrent à leur secours les Athéniens, qui passèrent promptement en Egypte, avec une flotte de deux cents voiles. Artaxerce 1er, surnommé Longue-Main, alors roi de Perse, leva de son côté une armée de trois cent mille hommes pour soumettre les rebelles. Les Perses furent d'abord battus, mais dans un second combat, Inarus fut entièrement défait. Ce prince se voyant sans ressource, traita pour lui, les Egyptiens et pour quelques Athéniens, et se rendit. L'Egypte retourna alors sous le joug des Perses comme auparavant.

Le malheureux Inarus fut crucifié par ordre de la mère d'Artaxerce, qui n'avait cessé pendant cinq ans de le lui demander pour le sacrifier aux mânes de son fils, qui avait péri dans cette expédition.

L'an du monde 3590, les Egyptiens voulant encore tenter de s'affranchir de la domination des Perses, accoururent de toutes parts auprès d'Amyrthée Saïte, qui était enfin sorti des marais, où il s'était maintenu, depuis que la révolte d'Inarus avait été étouffée.

Darius Nothus, alors roi de Perse, tourna toute son attention du côté de l'Egypte : les Perses furent d'abord chassés et Amyrthée déclaré roi d'Egypte; mais après plusieurs années de guerre, de fatigue et de dépense, les Egyptiens furent forcés de rentrer dans leur devoir.

Cependant depuis un certain laps de temps, l'Egypte avait de nouveau secoué le joug de la domination des Perses, et elle était gouvernée par Nectanébus qui en était roi.

L'an du monde 3627, Artaxerce II, surnommé Mnémon, fit de grands préparatifs de guerre pour la réduire. La guerre devait commencer par l'attaque de Péluse, grande ville de la basse Egypte, belle et très-bien fortifiée; mais on avait mis tant de lenteur pour l'exécution de ce projet, que Nectanébus eut tout le temps d'en rendre l'approche impraticable par terre et par mer.

La flotte des Perses changea alors de direction, elle se plaça près du fort, qui fut emporté l'épée à la main, et on n'y fit quartier à personne.

Après cette action, Memphis, capitale de l'Egypte, devait être attaquée, mais les retards qui furent apportés, donnèrent aux Egyptiens le temps de se reconnaître et de rassembler toutes leurs troupes en un corps. Ils mirent une bonne garnison dans Memphis, et avec le reste, ils harassèrent tellement l'armée des Perses, qu'ils l'empêchèrent de s'avancer au dedans du pays. L'inondation du Nil étant survenue, toute la campagne fut couverte et les Perses furent obligés de se retirer sans avoir rien fait, et après avoir perdu une bonne partie de leur armée.

Cependant le roi de Perse songeait à attaquer de nouveau l'Egypte; Tachos qui était monté sur le trône, ramassait autant de troupes qu'il pouvait pour se défendre, il envoya à Sparte, et obtint des Lacédémoniens un corps de leurs troupes et Agésilas pour les commander. Tachos n'ayant pas nommé Agésilas généralissime de ses troupes, comme il le lui avait promis, et méprisant ses avis, celui-ci se joignit aux Egyptiens qui s'étaient révoltés et qui avaient mis Nectanébus à sa place, et força Tachos de sortir de l'Egypte, et de laisser la couronne à Nectanébus. — Cet événement se passa l'an du monde 3641.

Ochus, fils d'Artaxerce Mnémon, était monté sur le trône des Perses. Il porta ses armes du côté de l'Egypte, qui, depuis longtemps se soutenait dans sa révolte, sans pouvoir être réduite.

Il voulut faire cette expédition en personne, persuadé que les guerres d'Egypte avaient été jusque-là malheureuses par la mauvaise conduite des généraux qu'on y envoyait, et il fit tous ses préparatifs. Les Phéniciens et les Cypriotes se liguèrent avec l'Egypte, mais Ochus après avoir réduit l'île de Cypre et la Phénicie, s'avança du côté de l'Egypte et alla camper devant Péluse dont il forma le siège. Toutes les troupes d'Egypte, sous la conduite de Clinius, grec de l'île de Cos, marchèrent contre l'ennemi. Il y eut une action des plus chaudes, où Clinius fut tué avec cinq mille de ses gens, et le reste fut entièrement dispersé.

Nectanébus, roi d'Egypte, accourut en toute hâte à Memphis, la capitale du royaume pour la défendre, et abandonna les passages qui fermaient l'entrée aux ennemis. Les Grecs qui défendaient Péluse, se voyant abandonnés traitèrent avec le roi et livrèrent la ville, à condition qu'on les renverrait en Grèce, avec tout ce qui leur appartenait, sans leur faire souffrir aucun mauvais traitement, ce qui leur fut accordé.

Nectanébus, désespérant de se pouvoir défendre, ramassa ses meilleurs effets, et se sauva avec ses trésors en Ethiopie, d'où il ne revint jamais. C'est le dernier roi de race égyptienne qu'ait eu l'Egypte. Elle a toujours été depuis sous une domination étrangère.

Cette époque remonte à l'an du monde 3654 et à l'an 350 avant Jésus-Christ.

Vers l'an 3672, Alexandre-le-Grand se dirigea du côté de l'Egypte. En sept jours de marche, il arriva devant Péluse. La haine que les Egyptiens portaient aux Perses était si forte, qu'il ne leur importait guère qui serait leur nouveau maître, fatigués de l'insolence et de l'indignité avec lesquelles eux et leur religion étaient traités sous les Perses. Aussi dès qu'Alexandre parut sur la frontière, le peuple accourut en foule lui tendre les bras et se soumettre à lui. Les gouverneurs lui ouvrirent les portes, lui mirent entre les mains l'argent et tous les meubles de leur maître. Ainsi Alexandre, sans coup férir et sans trouver aucune opposition, se vit maître de toute l'Egypte.

Après la mort d'Alexandre, l'an du monde 3681, Ptolémée l'un de ses généraux se maintint en Egypte.

Vingt-deux ans après, Ptolémée s'étant ligué avec Séleucus, Lysimaque et Cassandre, aussi généraux d'Alexandre, contre Antigone, ils lui livrèrent bataille près d'une ville de Phrygie, nommée Ipsus. Ce général y perdit la vie, et les quatre princes ligués partagèrent les états dont il jouissait depuis la mort d'Alexandre.

Par ce partage, Ptolémée eut l'Egypte dont il fut reconnu roi l'an du monde 3704; il eut de plus la Lybie, l'Arabie, la Célé-Syrie et la Palestine.

TROISIÈME PARTIE DE L'HISTOIRE D'EGYPTE.

Ptolémée qui était appelé Ptolémée-Soter, après avoir régné vingt ans avec le titre de roi, et près de trente-neuf depuis la mort d'Alexandre, songea à mettre son fils sur le trône. Sa couronne appartenait de droit à Ptolémée surnommé Céraume ou la Foudre, qui était l'aîné de ses enfants, mais Bérénice, mère de Philadelphe, le fit préférer, par ses charmes et l'ascendant qu'elle prit sur Ptolémée son mari.

Philadelphe fut donc couronné du vivant de son père, qui mourut deux ans après, âgé de quatre-vingt deux ans, vers la fin de l'année 3721.

Aussitôt après la mort de son père, Ptolémée-Philadelphe qui avait du ressentiment contre Démétrius de Phalère qui avait conseillé à son père de se déclarer pour l'aîné de ses enfants, le fit arrêter et l'envoya bien gardé dans un fort écarté, où il ordonna qu'on le retint jusqu'à ce qu'il eut résolu ce qu'il en ferait. Ce grand homme se fit périr par une piqûre d'aspic.

Philadelphe dissipa par ses soins et sa diligence une révolte suscitée par Magas, son frère utérin.

Pour attirer le commerce dans son royaume il fit bâtir une ville sur la côte occidentale de la mer Rouge, qu'il nomma Bérénice, du nom de sa mère, et pour faciliter le transport des marchandises, il fit creuser un canal qui aboutissait au Nil, sur lequel elles descendaient à Alexandrie.

Il soutint contre Antiochus-Théus, roi de Syrie, une guerre qui fut de longue durée et qui eut des suites très-funestes pour Antiochus, puisque dans le temps qu'il était occupé à cette guerre d'Egypte, toutes les provinces orientales de son empire se révoltèrent et secouèrent le joug, ce qui lui fit perdre tout ce qu'il possédait au-delà du Tigre. Ces pertes le firent songer à la paix. Elle se fit à condition qu'Antiochus répudierait Laodice pour épouser Bérénice, fille de Ptolémée, et ce mariage se fit avec une grande magnificence.

Ptolémée mourut deux ans après dans sa 63e année.

Ptolémée Soter avait fondé une belle bibliothèque à Alexandrie ; Philadelphe y donna aussi tous ses soins, et il faisait ramasser de tous les endroits du monde, les livres les plus rares et les plus curieux. Ayant appris que les juifs en avaient un qui contenait les lois de Moïse, et l'histoire de ce peuple, il désira en obtenir une traduction en grec pour enrichir sa bibliothèque. Pour obtenir du grand-prêtre des juifs, Eléazar, une copie ou une traduction fidèle de leur loi, il publia une ordonnance, pour affranchir tous les juifs esclaves dans ses états, avec leurs femmes et leurs enfants.

Le souverain sacrificateur accorda cette loi et en remit une copie écrite en lettres d'or, et de plus il envoya six anciens de chaque tribu, c'est-à-dire soixante-douze personnes pour la traduire en grec. Ces députés furent logés dans une maison qui leur avait été préparée. Ils se mirent au travail, et l'ouvrage fut achevé en soixante-douze jours; c'est ce qu'on appelle la version des septante.

Après que le tout fut lu et approuvé en présence du roi, il renvoya les soixante-douze députés avec des présents d'une magnificence extraordinaire, pour eux, pour le grand-prêtre et pour le temple.

Ptolémée, surnommé Evergète, succéda à Ptolémée Philadelphe, son père.

Dès qu'il fut monté sur le trône, il fit une expédition en Syrie pour venger la mort de sa sœur Bérénice. Il se rendit maître de toute la Syrie, et retourna ensuite en Egypte. Il remporta jusqu'à quarante mille talents et une quantité prodigieuse de vases d'or et d'argent, et des statues jusqu'au nombre de deux mille cinq cents, dont une partie étaient les idoles d'Egypte, que Cambyse, quand il en eut fait la conquête, avait emportées en Perse.

En rendant ces idoles à leurs anciens temples, Ptolémée gagna le cœur de ses sujets, et on lui donna le surnom d'Evergète, qui veut dire bienfaiteur.

Ptolémée augmenta la bibliothèque de ses pères de toutes sortes de livres. Il mourut après un règne de vingt-cinq ans.

Ptolémée surnommé Philopator, succéda à Ptolémée-Evergète, son père, il monta sur le trône l'an du monde 3783.

Ce prince eut à soutenir une guerre de la part d'Antiochus, roi de Syrie, qui voulait recouvrer la Célé-Syrie sur l'Egyptien. Antiochus n'ayant pu réussir dans son expédition, demanda la paix que Ptolémée lui accorda.

Philopator est accusé d'avoir empoisonné son père. Il fit mourir sa mère Bérénice et son frère unique Magas. Il se défit aussi de sa femme qui était sa sœur.

Il n'avait guère que vingt ans quand il monta sur le trône, et il ne l'occupa que dix-sept.

Ptolémée-Epiphane, fils de Philopator, succéda à son père, il n'avait alors que cinq ans.

Antiochus, roi de Syrie, et Philippe, roi de Macédoine, se liguèrent pour se défaire de ce légitime héritier et partager sa succession, mais la cour d'Egypte implora le secours des Romains et leur offrit la tutelle du roi et la régence de ses états pendant sa minorité. Les Romains ayant accepté cette tutelle, firent notifier par trois députés, aux deux rois confédérés qu'ils eussent à cesser d'inquiéter les états de leur pupille, qu'autrement ils seraient obligés de leur faire la guerre.

L'éducation du jeune prince fut confiée à Aristomène, acarnanien de nation, qui fut établi premier ministre.

Scopas conspira contre la vie du jeune roi. Aristomène, informé du complot, le fit arrêter; il fut convaincu et exécuté avec tous ses complices.

Le roi déclaré majeur fut mis sur le trône. Au lieu de conserver Aristomène, il le fit mourir pour se débarrasser d'un homme dont la vertu l'embarrassait, et ne suivant plus que ses passions, il traita ses sujets avec une cruauté tyrannique.

Les Egyptiens ne pouvant plus souffrir les violences et les injustices de leur roi, le firent empoisonner à l'âge de vingt-neuf ans.

Ptolémée-Philométor son fils, âgé de six ans, lui succéda: Eulée, eunuque, fut chargé de l'éducation du prince.

A l'âge de quinze ans il fut déclaré majeur,

et on procéda à la solennité de son couronnement.

Les provinces de la Célé-Syrie et de la Palestine furent des sujets de guerre entre Philométor et Antiochus-Epiphane. Ce dernier, après avoir gagné une seconde bataille sur la frontière, prit la ville de Péluse et entra jusque dans le cœur de l'Egypte. La ville de Memphis se rendit au vainqueur qui se vit maître de toute l'Egypte. Philométor tomba au pouvoir d'Antiochus, qui lui laissa la liberté entière. Ils mangeaient à la même table et vivaient en amis.

Les Alexandrins regardant Philométor perdu pour eux, mirent son frère cadet sur le trône. On le nomma d'abord Ptolémée-Evergète II, ensuite Cacergète, qui veut dire malfaisant, enfin on lui donna le sobriquet de Physcon, qui veut dire gros ventre, parce que ses excès de table l'avaient rendu extrêmement gros et replet.

Sous prétexte de rétablir le roi déposé, Antiochus revint pour une troisième fois en Egypte. Il battit les Alexandrins, entra par terre en Egypte, et marcha droit à Alexandrie pour en former le siège. Dans cette extrémité Evergète implora le secours du peuple romain. Le sénat envoya une ambassade en Egypte pour mettre fin à la guerre, déclarant que celui des deux rois qui ne suspendrait pas les hostilités, cesserait d'être regardé par le peuple romain comme son ami et son allié.

Cependant avant l'arrivée des ambassadeurs romains, Antiochus avait levé le siège d'Alexandrie, s'était dirigé du côté de Memphis et avait remis en apparence Philométor en possession de tout le pays, excepté Péluse, qu'il garda comme une clef pour entrer quand il lui plairait en Egypte.

Alors Philométor ouvrit les yeux, il se rapprocha de son frère, avec lequel il s'entendit, et ils régnèrent conjointement. Philométor revint à Alexandrie, et l'Egypte eut la paix.

Après la réunion des deux frères, Antiochus se mit en marche et allait droit à Alexandrie ; il fut arrêté par une ambassade de Rome, il voulait en délibérer avec ses amis, mais Papilius, l'un des ambassadeurs, ayant tracé un cercle, lui dit qu'il fallait qu'il rendit réponse au sénat avant de sortir du cercle. Cet ordre sauva l'Egypte, et Antiochus s'en retourna.

Les deux rois d'Egypte s'étant brouillés, Evergète ou Physcon le plus jeune avait chassé son frère Philométor. Celui-ci s'adressa à Rome qui réussit à faire l'accomodemment entre les deux frères, en leur donnant à chacun des provinces séparées et en les déclarant indépendants l'un de l'autre.

Une nouvelle dissension s'étant élevée entre les deux frères, le sénat de Rome voulut régler un nouveau partage, Philométor s'y opposa, la guerre s'alluma et Evergète fut battu et mis entre les mains de son frère. Ce généreux frère malgré tous les outrages qu'il avait reçu pardonna tout, et la paix fut conclue.

Quelques années après, Philométor maria sa fille Cléopâtre à Alexandre, roi de Syrie. Celui-ci étant entré dans une conspiration contre la vie de son père, il lui ôta sa fille et la donna à Démétrius. Alexandre fit la guerre, il perdit la bataille et s'enfuit. Ayant été trahi, on lui coupa la tête, et elle fut envoyée à

Philométor qui parut très-satisfait de la voir.

Philométor mourut quelques jours après d'une blessure qu'il avait reçue dans le combat, après avoir régné trente-cinq ans.

Après la mort de Philométor, Cléopâtre sa femme tâchait de mettre la couronne sur la tête de son fils encore en bas âge, tandis que d'autres travaillaient à la procurer à Physcon.

Les choses s'accomodèrent, Physcon épousa Cléopâtre et son fils devait être héritier de la couronne; mais le jour même des noces, Physcon tua cet enfant entre les bras de sa mère.

Devenu passionné pour une fille qu'avait eue Cléopâtre, il lui fit d'abord violence, puis l'épousa après avoir chassé sa mère.

Ses excès et ses cruautés le firent haïr des habitants d'Alexandrie, qui désertèrent la ville et se retirèrent dans les pays étrangers. Pour repeupler cette ville, il promettait de grands avantages à ceux qui viendraient s'y établir. Par ce moyen, Alexandrie se repeupla dans peu, mais Physcon, un jour d'assemblée, fit passer au fil de l'épée tous les jeunes gens de la ville qui en faisaient toute la force.

2*

Le peuple en fureur courut mettre le feu au palais pour l'y brûler, mais déjà il en était sorti et il se sauva en Cypre.

Le peuple mit le gouvernement entre les mains de Cléopâtre qu'il avait répudiée. On abattit et on brisa toutes ses statues à Alexandrie. Croyant que c'était Cléopâtre qui faisait agir le peuple, il fit égorger le fils qu'il avait eu d'elle, et le lui envoya dans une caisse, coupé par morceaux, avec la tête entière afin qu'elle le reconnut. Cette nouvelle barbarie excita l'horreur de tout le monde.

Cependant Physcon leva une armée qu'il envoya contre les Alexandrins ; il les battit et les tailla en pièces. Dans cette extrémité, Cléopâtre mit tous ses trésors sur des vaisseaux et se réfugia chez la reine de Syrie sa fille.

Pour le malheur de l'Egypte, Physcon remonta sur le trône, mais enfin il mourut à Alexandrie, après avoir régné vingt-neuf ans depuis la mort de son frère Philométor.

Par sa mort, l'Egypte se trouva délivrée d'un monstre inoui, qui avait été le fléau de ses états.

Ptolémée surnommé Lathyre, fils aîné de Physcon, lui succéda.

Ce prince ne régna pas long-temps tranquille. Cléopâtre sa mère, princesse ambitieuse, l'obligea de sortir de l'Egypte et de la laisser maîtresse. Elle mit à sa place Alexandre son cadet, mais elle résolut bientôt de se défaire de lui pour régner seule. Ce prince qui en fut averti la prévint, et la fit mourir. Dès qu'on sut à Alexandrie que c'était Alexandre qui avait fait mourir sa mère, on ne put plus le souffrir, on le chassa, et on remit Lathyre sur le trône. Il s'y maintint jusqu'à sa mort qui arriva sept ans après son rétablissement.

Cléopâtre, fille de Lathyre, le seul enfant légitime qu'il eut, lui succéda.

Déjà depuis six mois elle était sur le trône, lorsque Alexandre, fils de cet Alexandre qui avait fait mourir Cléopâtre sa mère, arriva de Rome et prétendit à la couronne d'Egypte. Pour accommoder ce différent on maria Cléopâtre avec Alexandre, mais il la fit mourir dix-neuf jours après leur mariage, et régna seul quinze ans.

Les Alexandrins, lassés du gouvernement d'Alexandre, se soulevèrent, le chassèrent, et appelèrent Ptolémée XI, surnommé Aulète.

Ptolémée était un bâtard de Lathyre. Il fut surnommé Aulète, c'est-à-dire joueur de flûte, parce qu'il se piquait si fort de bien jouer de la flûte, qu'il en voulut disputer le prix dans les jeux publics.

Le surnom de joueur de flûte que Ptolémée s'était attiré, l'avait mis en aussi mauvaise estime à Rome qu'en Egypte, de telle sorte qu'il ne pouvait obtenir d'être l'ami ou l'allié de Rome; cependant César, lui vendit l'alliance de Rome, et en reçut tant pour lui que pour Pompée, près de six mille talents ou dix-huit millions. A ce prix il fut déclaré ami et allié du peuple Romain.

Pour payer cette somme énorme, il fut obligé de faire des levées extraordinaires de deniers, ce qui irrita ses sujets contre lui, ils se révoltèrent et il prit le parti de s'enfuir.

Bérénice sa fille aînée fut déclarée reine à sa place.

Deux ans après sa sortie de Rome où il s'était réfugié, Aulète, par le crédit de Pompée, gagna Gabinius, proconsul de Syrie, en lui offrant dix mille talents pour le rétablir sur le trône.

Gabinius marcha vers l'Egypte, et soutenu de la cavalerie d'Antoine, général romain, il soumit bientôt l'Egypte qui fut obligée de recevoir Aulète comme roi.

Ce prince fit mourir sa fille Bérénice pour avoir porté la couronne pendant son exil : il se défit également de tous les gens riches qui avaient été du parti opposé au sien.

Aulète mourut environ quatre ans après son rétablissement. — Il laissa deux fils et deux filles qui étaient encore fort jeunes. Par son testament il les plaça sous la tutelle du peuple romain, et il donna la couronne à l'aîné et à l'aînée. La fille est la fameuse Cléopâtre qui a rendu son nom célèbre.

Les deux ministres Pothin et Achillas, ôtèrent à Cléopâtre toute sa part de la souveraineté. Cette princesse alla en Syrie et en Palestine, pour y lever des troupes et pour faire valoir ses droits à main armée. Les armées du frère et de la sœur étaient en présence entre Péluse et le mont Cassius, lorsque

Pompée qui avait été vaincu à Pharsale, approcha de la côte, et fit demander à Ptolémée la liberté d'aborder et d'entrer dans son royaume.

On délibéra sur cette question et suivant l'avis de Théodote précepteur du jeune roi, il fut décidé qu'il fallait s'en défaire pour gagner l'amitié de César alors consul romain et son rival. Septimius, officier romain au service du roi d'Egypte, alla prendre Pompée dans une chaloupe, mais arrivé près du bord, il fut poignardé sous les yeux du roi et sous ceux de Cornélie sa femme qu'il avait embrassée avant de passer dans la chaloupe.

Cependant César arriva en Egypte, et pendant son séjour à Alexandrie, il prit connaissance du différend qui existait entre Ptolémée et sa sœur. Il s'en établit le médiateur, et la lecture du testament du feu roi faite, il ordonna en qualité de tuteur et d'arbitre, que Ptolémée et Cléopâtre régneraient conjointement en Egypte.

Cette décision ne satisfit pas le ministre Pothiu qui porta les Egyptiens à prendre les armes.

César par son habileté et son courage, suppléa au peu de troupes qu'il avait avec lui, les Egyptiens furent complètement battus, et Ptolémée, en voulant se sauver dans un bateau sur le Nil s'y noya.

Après cette guerre et sa rentrée dans Alexandrie. César donna la couronne d'Egypte à Cléopâtre qui avait su lui inspirer une violente passion, et pour la forme seulement, lui adjoignit son frère, qui n'avait alors que onze ans. Quand il eut atteint l'âge de quinze ans elle l'empoisonna, et demeura seule reine d'Egypte.

César ayant été assassiné dans le sénat de Rome, il s'était formé un triumvirat entre Antoine, Lépide et César-Octavien, pour venger la mort de César.

Cléopâtre se déclara pour les triumvirs, néanmoins elle refusa de donner du secours à Cassius, général romain.

Elle fut obligée de comparaître devant Antoine pour répondre sur quelques griefs formés contre elle.

Cette princesse, sûre de ses charmes, par l'épreuve qu'elle en avait déjà faite auprès de

Jules-César, se mit en chemin, espérant captiver Antoine très-facilement. Elle n'y réussit que trop bien pour le malheur du général romain. Elle le saisit tellement par ses attraits, et se rendit tellement maîtresse de son esprit, qu'il ne lui pouvait rien refuser, car son amour pour cette princesse allait jusqu'à la fureur.

Un différend s'étant élevé entre le jeune César et Antoine, il fallut en venir aux armes; Cléopâtre voulut être de la partie. La bataille se donna sur mer, près d'Actium, mais au moment où la fortune paraissait aussi favorable à Antoine qu'à César, Cléopâtre s'enfuit, Antoine la suivit précipitamment, et il perdit ainsi la victoire et son armée qui l'abandonna.

Cléopâtre, de retour à Alexandrie, ne songea plus qu'à gagner César, et à lui faire un sacrifice d'Antoine, quoiqu'elle l'aimât jusqu'à la fureur, songeant avant tout à conserver sa couronne.

Elle trahit Antoine par le moyen des intelligences secrètes qu'elle entretenait avec César. Cette trahison fit ouvrir les yeux à

Antoine qui voulait se venger, mais elle s'était retirée dans un des tombeaux des rois d'E- gypte, qui était fortifié de bonnes murailles, et elle fit dire à Antoine qu'elle s'était donnée la mort au milieu des tombeaux de ses ancêtres.

Le crédule Antoine passant de la colère à la plus vive douleur, s'enfonça l'épée dans le corps et tomba sur le plancher ; il eut cependant encore assez de force pour se faire porter à la forteresse où Cléopâtre s'était enfermée, et il mourut entre ses bras.

Cléopâtre donna tous les ordres pour la sépulture d'Antoine, elle n'épargna rien pour rendre ses obsèques des plus magnifiques. Elle fit embaumer son corps avec les parfums les plus précieux de l'Orient, et le plaça parmi les tombeaux des rois d'Egypte.

Quelque temps après cet événement, César, qui sans doute avait dessein d'emmener Cléopâtre à Rome et de la faire servir d'ornement à son triomphe, se fit introduire dans sa chambre, après lui en avoir demandé la permission. Quand il entra, elle se leva promptement et alla se jeter à ses genoux, les cheveux en désordre, la voix tremblante et les yeux presque fondus à force de pleurer. Elle espérait inspirer encore de l'amour à ce jeune vainqueur.

En lui montrant les portraits de Jules-César, elle lui dit : « Seigneur, voilà les images » de celui qui vous a adopté pour vous faire » succéder à l'empire romain, et à qui je » suis redevable de ma couronne. » Puis, tirant de son sein les lettres qu'elle y avait cachées : « Voilà aussi les chers témoignages de son amour. Elle en lut quelques-unes des plus tendres, accompagnant cette lecture de paroles touchantes et de regards passionnés, mais elle employa inutilement tous ces artifices : César ne fut point touché de sa vue ni de son entretien.

Cléopâtre s'aperçut de cette froideur, et, dissimulant, elle le remercia des compliments qu'il lui avait fait faire, ajoutant qu'en revanche, elle voulait lui livrer tous les trésors des rois d'Egypte ; et en effet, elle lui remit entre les mains un bordereau de tous ses meubles, de ses pierreries et de ses finances. Séleucus, un de ses trésoriers, lui reprochant qu'elle

cachait et retenait une partie de ce qu'elle avait de plus précieux, elle lui donna plusieurs coups sur le visage; puis se tournant vers César : « N'est-ce pas une chose horrible,
» lui dit-elle, que, lorsque vous n'avez pas
» dédaigné de me venir voir, et que vous avez
» bien voulu me consoler dans le triste état
» où je me trouve, mes propres domestiques
» viennent m'accuser devant vous, sous pré-
» texte que j'ai réservé quelques bijoux de
» femme, non pour en orner une misérable
» comme moi, mais pour en faire un petit
» présent à Octavie, votre sœur et à Livie,
» votre épouse, afin que leur protection attire,
» de votre part un traitement favorable à une
» infortunée princesse.

Ce langage trompa Octave-César, il se retira.

Cependant Cléopâtre, persuadée que César voulait la conduire à Rome, résolut de se faire mourir, pour éviter cette honte.

Dans cette résolution, elle se mit au bain, et ordonna qu'on lui servit un repas magnifique. Au lever de table, elle écrivit un billet à César pour le prier de permettre que son corps fut mis auprès de celui d'Antoine, dans un même tombeau; ensuite elle se mit sur un lit de repos, présenta le bras à un aspic qu'un fidèle serviteur, travesti en paysan, lui avait apporté dans une corbeille de figues, malgré la vigilance des gardes que César avait mis auprès d'elle.

Cette princesse vit, d'un œil tranquille et sec, couler dans ses veines le poison mortel de l'aspic. Elle mourut ainsi l'an du monde 3974, à l'âge de trente-neuf ans, dont elle avait régné vingt-deux depuis la mort de Ptolémée-Aulète, son père.

Après sa mort, l'Egypte fut réduite en province romaine, et en elle finit la race des Ptolémées qui occupaient le trône d'Egypte depuis 293 ans.

Cléopâtre était une princesse perfide et artificieuse, elle avait un goût prononcé pour les belles lettres et pour les sciences. Elle rétablit une nouvelle bibliothèque à Alexandrie, et y ajouta deux cent mille volumes qui étaient dans celle de Pergame, et dont Antoine lui avait fait présent.

Cette addition rendit cette nouvelle bibliothèque très-nombreuse et elle subsista jusqu'à ce qu'elle fut brûlée par les Sarrasins, qui avaient pris la ville.

Voici comment périt ce précieux trésor de science.

Jean, surnommé le Grammairien, fameux sectateur d'Aristote, philosophe grec, se trouva dans Alexandrie quand cette ville fut prise. Comme il était fort bien dans l'esprit d'Amri-Ebnol-As, général de l'armée des Sarrasins, il demanda à ce général la bibliothèque d'Alexandrie. Amri lui répondit que cela ne dépendait pas de lui, mais qu'il en écrirait au calife, c'est-à-dire, à l'empereur des Sarrasins, pour avoir ses ordres, sans lesquels il n'osait en disposer. Il écrivit effectivement à Omar, calife d'alors, dont la réponse fut, que si ces livres contenaient la même doctrine que l'alcoran, ils n'étaient d'aucun usage, parce que l'alcoran était suffisant et contenait toutes les vérités nécessaires, mais que s'ils contenaient des choses contraires à l'alcoran, il ne fallait pas les souffrir. En conséquence il lui ordonna sans autre examen de les brûler tous. On les donna aux bains publics, où ils servirent pendant six mois à les chauffer au lieu de bois.

L'Egypte resta long-temps sous la domination des Romains; elle tomba plus tard sous la dépendance des Turcs; mais ceux-ci, réduits par la Russie à un espèce de vasselage, furent forcés de laisser l'Egypte dans une indépendance à peu près complète, dans laquelle elle vit aujourd'hui.

En 1798, les Français, sous le commandement du général Bonaparte, firent une expédition contre l'Egypte. Bonaparte s'empara de toute l'Egypte et pénétra en Syrie, mais il échoua devant Acre, et fut obligé de revenir en France, où l'armée rentra bientôt après.

COUTUMES DES ÉGYPTIENS ET DU GOUVERNEMENT.

L'Egypte a été regardée comme l'école la plus renommée en matière de politique et de sagesse, et comme l'origine de la plupart des arts et des sciences. Son plus bel art consistait à former les hommes. La Grèce en était si persuadée, que ses plus grands personnages, un Homère, un Pythagore, un Platon, Lycurgue même et Solon, ces deux célèbres législateurs, et beaucoup d'autres, allèrent exprès en Egypte pour s'y perfectionner et pour y puiser en tout genre d'érudition, les plus rares connaissances.

Le royaume était héréditaire. Les rois se croyaient plus obligés que les autres à suivre les lois.

Nul esclave, nul étranger, n'était admis auprès du prince pour le servir : cet emploi n'était confié qu'aux personnes qui avaient reçu la plus excellente éducation.

Les rois d'Egypte rendaient la justice aux peuples avec beaucoup d'attention. Trente juges que le prince choisissait parmi ceux du pays qui avaient le plus de lumières et de probité, étaient chargés du ministère de la justice.

Les vieillards étaient fort respectés en Egypte : les jeunes gens étaient obligés de se lever devant eux, et de leur céder partout la place d'honneur.

RELIGION DES ÉGYPTIENS.

Les Egyptiens étaient très-superstitieux ; leurs deux divinités principales étaient Osiris et Isis, qu'on a prétendu être le soleil et la lune. Ils adoraient en outre le bœuf, nommé le bœuf Apis, le chien, le loup, le chat, le crocodile, etc.

De tous ces animaux, le bœuf Apis était le plus célèbre. On lui avait bâti des temples magnifiques et on lui rendait des honneurs extraordinaires après sa mort. L'Egypte entrait alors dans un deuil général. Après qu'on avait rendu les derniers honneurs au mort, il s'agissait de lui trouver un successeur, et on le cherchait dans toute l'Egypte. On le reconnaissait à certains signes qui le distinguaient de tout autre : sur le front une tache blanche en forme de croissant; sur le dos, la figure d'un aigle; sur la langue, celle d'un escarbot. Quand on l'avait trouvé, on le conduisait à Memphis, au milieu des transports de joie, et il y était installé avec beaucoup de cérémonie.

Les Egyptiens avaient une telle vénération pour ces animaux, qu'il y avait peine de mort contre quiconque en aurait tué un volontairement.

L'immortalité de l'âme faisait un point

capital de la religion des Egyptiens, mais ils croyaient la métempsycose, c'est-à-dire, la transmigration des âmes d'un corps dans un autre.

Leurs prêtres jouissaient de grands avantages, ils étaient les dépositaires de la religion et de toutes les sciences, ils avaient la principale part dans le gouvernement, et les rois étaient obligés de se faire agréger par eux pour régner.

FUNÉRAILLES. MOMIES.

Quand quelqu'un était mort dans une famille, on embaumait son corps avec soin, après l'avoir vidé, par le moyen d'une ouverture qu'on faisait au côté, avec une pierre d'Ethiopie.

Quand le corps avait été embaumé, on le rendait aux parents, qui l'enfermaient dans une espèce de niche, puis le plaçaient debout et droit contre la muraille : c'est ce qu'on appelle momies; ces corps ainsi embaumés se sont conservés pendant des siècles, et même jusqu'aujourd'hui.

Avant d'être admis dans l'asile sacré des

tombeaux, il fallait subir un jugement solennel. Aussitôt qu'un homme était mort, on l'amenait en jugement. L'accusateur public était entendu. S'il était prouvé que la conduite du mort avait été mauvaise, on en condamnait la mémoire, et il était privé de la sépulture; mais si le jugement était favorable au mort, on procédait aux cérémonies de l'inhumation.

DES SCIENCES ET DES ARTS.

Les Egyptiens avaient l'esprit inventif, mais ils le tournaient aux choses utiles. Comme l'Egypte était un pays uni, son ciel toujours pur et sans nuages et son territoire fertile en simples, les habitants ont été des premiers à cultiver l'astronomie, la géométrie et la médecine.

Les Egyptiens avaient encore porté à un grand degré de perfection, l'architecture, la peinture, la sculpture et tous les autres arts. Ils ne faisaient pas grand cas de la musique.

Les laboureurs, les pasteurs, les artisans, étaient fort estimés en Egypte. Dans ce pays, nulle profession n'était regardée comme basse et sordide; la loi assignait à chacun son emploi, qui se perpétuait de père en fils.

L'Egypte du milieu ou Heptanome, renferme des monuments dont on admire encore la beauté. Ce sont les obélisques, les pyramides, le lac de Mœris et ce qui regarde le Nil.

Un obélisque est une aiguille quadrangulaire d'une seule pierre menue, haute et perpendiculairement élevée, pour servir d'ornement à une place.

Une pyramide est un corps solide ou creux, qui a une base large et ordinairement carrée, qui se termine en pointe. Il y avait en Egypte trois pyramides plus distinguées que toutes les autres, et qui ont mérité d'être mises au nombre des sept merveilles du monde. Une des trois avait 460 pieds de hauteur perpendiculaire. Le haut, qui d'en bas semblait être une aiguille, était une belle plate-forme, dont chaque côté avait seize à dix-sept pieds.

Le labyrinthe était un ouvrage encore plus surprenant que les pyramides; il avait été bâti par les douze rois, près de la ville d'Arsinoë.

Ce superbe bâtiment formait douze palais qui communiquaient ensemble. Quinze cents chambres entremêlées de terrasses, s'arrangeaient autour de douze salles, et ne laissaient point de sortie à ceux qui s'engageaient à les visiter. Il y avait autant de bâtiments sous terre, qui étaient destinés à la sépulture des rois, et à nourrir les crocodiles sacrés.

On admire encore en Egypte les statues colossales, les sphinx et une foule d'autres ouvrages.

Les Egyptiens conservaient le souvenir des événements et des découvertes utiles par des inscriptions en caractères hiéroglyphiques, qu'ils gravaient sur les monuments. C'étaient des figures ou des symboles qui couvraient et enveloppaient les mystères de leur religion.

On croit que les Egyptiens, à la suite des inondations du Nil, ne pouvant plus reconnaître les limites de leurs champs, cachés par un limon épais, inventèrent les premiers l'art de mesurer les superficies agraires, et de représenter les propriétés par des plans. On pense que telle est la première origine de l'arpentage.

FÉCONDITÉ DE L'ÉGYPTE.

Il n'y a point de pays dans le monde où la terre soit plus féconde qu'en Egypte, quoiqu'il n'y pleuve presque jamais. C'est aux inondations régulières du Nil que l'Egypte doit sa fécondité. Ce fleuve, par un heureux limon qu'il traîne avec lui, engraisse et fertilise les terres de telle sorte qu'une même terre porte dans une même année, trois ou quatre sortes de fruits différents.

La crue de ce fleuve commence vers la fin de mai, il continue d'augmenter jusqu'au mois de septembre, après lequel temps il va toujours en diminuant, rentre dans son lit, et reprend son cours ordinaire. Dès que le Nil est retiré, le laboureur n'a qu'à retourner la terre, en y mêlant un peu de sable pour en diminuer la force; après quoi il la sème sans peine et presque sans frais : deux mois après elle est couverte de toutes sortes de grains et de légumes. On sème ordinairement dans les mois d'octobre et de novembre, et on fait la moisson dans les mois de mars et d'avril.

Le Nil ne contribue pas moins à la nourriture des bestiaux, qui sont une autre source de richesses pour l'Egypte. Les pâturages y sont si gras et si abondants, et la douceur de l'air permettant d'y laisser les troupeaux jour et nuit, ils s'engraissent en fort peu de temps.

Le Nil ne pouvant couvrir toutes les campagnes, et les Egyptiens voulant profiter de ses inondations, ont pratiqué des réservoirs et des canaux pour porter les eaux de tous côtés; et pour arroser les plaines, les plus élevées, ils y ont pourvu par le moyen de pompes en forme de vis.

Le terroir de l'Egypte était si fertile en blé que ce pays était en état, même dans les temps de famine, de nourrir les peuples voisins, comme cela arriva sous Joseph.

Quand Octave-César (Auguste) eut réduit ce royaume en province romaine, il en venait régulièrement à Rome, tous les ans, vingt millions de boisseaux de blé. Sans ce secours la capitale du monde était exposée à mourir de faim. Et toute vaincue qu'était l'Egypte, elle se vantait de nourrir ses vainqueurs, d'avoir leur sort entre les mains, et de régler par son fleuve, leur bonne ou mauvaise destinée.

Les légumes et les fruits étaient excellents en Egypte, et auraient pu suffire seuls pour la nourriture, tant la bonté et l'abondance en étaient grandes.

Le Nil, par la pêche et par la nourriture des troupeaux, fournissait la table des Egyptiens de poissons exquis de toute espèce, et de viandes très-succulentes.

L'Egypte produisait encore quelques plantes qui lui étaient particulières, le papyrus, le lin, le byssus.

Le papyrus est une plante qui pousse quantité de tiges triangulaires, hautes de neuf ou dix pieds, dont l'écorce, moyennant quelque préparation, servait à écrire. C'est le papyrus qui a donné son nom à notre papier.

Le lin était préparé et travaillé merveilleusement en Egypte. On en faisait un grand commerce, et il s'en transportait beaucoup dans les pays étrangers.

Le byssus était une autre espèce de lin extrêmement fin et délié, qui était souvent teint en pourpre. Il était fort cher, et servait surtout à la parure et à l'ornement des dames.

ASSYRIENS.

BABYLONE.

Nemrod, fils de Chus, petit-fils de Cham et arrière-petit-fils de Noé, fonda Babylone ou Babel près de l'Euphrate, dans la terre de Sennaar ou Chaldée, l'an du monde 1800.

NINIVE.

Vers le même temps, Assur, second fils de Sem, et petit-fils de Noé, alla s'établir sur les rives du Tigre; il jeta les fondements de Ninive, et donna son nom à toute la contrée qu'on a appelée depuis Assyrie.

Plusieurs siècles après, Bélus, un de ses descendants, s'empara de Babylone et régna 55 ans.

Son fils Ninus lui succéda. Il soumit à sa domination les royaumes de Babylone, de Ninive et de la Médie, il réunit tous ces peuples et ne fit qu'un seul royaume sous le nom d'empire d'Assyrie.

Il agrandit beaucoup Ninive, en fit la ville capitale du nouvel empire qu'il venait de fonder, et la choisit pour être le siège ordinaire des rois d'Assyrie.

Cette époque remonte à l'an du monde 2737 et avant Jésus-Christ 1267.

Dans l'espace de dix-sept ans, Ninus conquit une infinité de pays depuis l'Egypte, jusqu'à l'Inde et la Bactriane.

De retour de ces conquêtes, il s'occupa à rendre Ninive la plus grande et la plus célèbre ville du monde. Cette ville avait sept lieues et demie de longueur, sur quatre et demie de largeur et vingt-quatre de circuit. Les murs avaient cent pieds de hauteur, et une épaisseur si considérable qu'on pouvait y conduire à l'aise trois chars de front. Ils étaient revêtus et fortifiés de quinze cents tours, hautes de deux cents pieds.

Après avoir achevé ce grand ouvrage, il entreprit une expédition contre les Bactriens, mais il eut vu échouer tous ses efforts, sans le secours et l'industrie de Sémiramis, femme d'un de ses premiers officiers. Elle fournit à Ninus le moyen d'attaquer et de prendre la citadelle, et par là de se rendre maître de la ville, où il trouva des trésors immenses.

Le mari de Sémiramis s'étant donné la mort pour prévenir les menaces du roi, qui avait conçu une violente passion pour sa femme, Ninus l'épousa. Il en eut un fils qu'il nomma Ninias. Ninus mourut peu de temps après, laissant à la reine le gouvernement du royaume.

Sémiramis était née à Ascalon, ville de Syrie, elle était d'un courage extraordinaire, et n'avait rien de la faiblesse de son sexe. Elle se conduisit avec beaucoup de sagesse, et soutint sa gloire avec le même courage et la même grandeur d'âme.

Cette princesse étendit les bornes de son empire en faisant la conquête d'une grande partie de l'Ethiopie. Elle osa entreprendre une expédition contre les Indes ; elle eut d'abord un éclatant succès au passage du fleuve Indus qui lui était disputé, elle mit les ennemis en fuite, elle fit sur eux plus de cent mille prisonniers, mais dans un second combat, son armée fut mise en déroute et taillée en pièces, elle fut même blessée dans deux endroits et ne dût son salut qu'à la vitesse de son cheval. Elle retourna dans ses états avec le reste de son armée, et quelque temps après, elle abdiqua volontairement l'empire, remit le gouvernement entre les mains de son fils, et se déroba pour toujours à la vue des hommes.

Sémiramis orna Babylone avec une magnificence prodigieuse, et l'entoura d'un rempart de briques.

Ninias son fils, ne s'occupait que de ses plaisirs, et se tenait toujours enfermé dans le palais. Tous ses successeurs pendant trente générations l'imitèrent, et leur histoire est absolument inconnue.

Sardanapale, croit-on, était fils de Phul.

Ce prince ne sortait jamais de son palais, il passait sa vie au milieu d'une troupe de femmes, habillé et fardé comme elles. Il faisait consister son bonheur et sa gloire à posséder des trésors immenses, à boire, à manger et à se livrer aux plaisirs les plus honteux et les plus criminels. Cette conduite de la part d'un roi, irrita Arbace, gouverneur des Mèdes, Bélésis gouverneur de Babylone et quelques autres grands seigneurs de l'empire, qui formèrent une conjuration contre lui.

Au premier bruit de cette révolte, Sardanapale se cacha dans le fond de son palais. Il se mit ensuite en campagne, mais il fut poursuivi jusqu'aux portes de Ninive, où il s'enferma : la ville fut assiégée et prise, et ce prince se brûla dans un bûcher qu'il avait fait préparer, lui, ses eunuques, ses femmes et ses trésors.

Après sa mort, finit cet empire des Assyriens, qui avait duré l'espace de 520 ans depuis Ninus.

Des débris de ce vaste empire, se formèrent trois grands royaumes, celui des Assyriens de Babylone qui fut donné à Bélésis, qui en était gouverneur : celui des Assyriens de Ninive, dont le premier roi se fit appeler Ninus le jeune, et celui des Mèdes dont Arbace fut le chef.

SECOND EMPIRE DES ASSYRIENS DE BABYLONE.

Le premier roi de ce nouveau royaume de Babylone fut Bélésis qui est le même que Nabonassar et nommé Baladan dans l'Écriture sainte. Il ne régna que douze ans.

Mérodach-Baladan son fils lui succéda. Depuis lui, il y eut quelques rois dont l'histoire est inconnue.

Enfin ce royaume après avoir subsisté pendant 66 ans, passa de nouveau sous la domination des rois de Ninive.

SECOND EMPIRE DES ASSYRIENS DE NINIVE.

Le premier roi de ce nouveau royaume de Ninive fut Théglath-Phalasar qui prit le nom de Ninus-le-jeune.

Ce prince mit fin au royaume de Syrie et dépouilla Phacée, roi d'Israël, d'une partie de ses états.

Salmanazar succéda à Ninus le jeune ; ce prince marcha contre Osée, roi d'Israël, qui avait refusé de lui payer le tribut ; il le battit, le chargea de fers, le mit en prison pour le reste de ses jours, emmena les Israélites en captivité et les établit dans deux villes des Mèdes. Il détruisit ainsi le royaume d'Israël ou des dix tribus.

Salmanazar mourut après un règne de

quatorze ans, et eut pour successeur Sennachérib son fils.

Sennachérib déclara la guerre à Ezéchias roi de Jérusalem qui refusait de lui payer le tribut, et vint mettre le siège devant cette ville malgré la somme d'or et d'argent qu'il avait reçue, et sans avoir égard au traité qui avait été conclu. La perte de cette ville eut été inévitable, si, dans une nuit, Sennachérib n'eût perdu cent quatre-vingt-cinq mille hommes de son armée. Cette perte l'obligea de regagner son pays avec les débris de ses troupes.

De retour à Ninive, il traita ses sujets d'une manière cruelle et tyrannique. Il exerça surtout sa fureur contre les Israélites, dont il faisait massacrer tous les jours un grand nombre. Ses deux fils aînés conspirèrent contre lui et le tuèrent. Ces deux princes s'enfuirent et laissèrent le royaume à Assharadon leur cadet.

Assharadon s'empara de Babylone et réunit ce royaume au sien. Ainsi Babylone devint de nouveau une province de l'empire de Ninive.

Assharadon conquit la Syrie et la Palestine.

Nabuchodonosor, la douzième année de son règne, défit Déjoce, roi des Mèdes.

Sarac fut un prince qui se rendit méprisable par sa mollesse et le peu de soins qu'il prenait de son empire. Nabopolassar, l'un de ses généraux s'empara de Babylone et fit alliance avec Cyaxare roi des Mèdes. Ces deux princes assiégèrent Ninive, la prirent, tuèrent Sarac, et ruinèrent de fond en comble cette grande ville.

Depuis ce temps, Babylone fut la seule capitale de l'empire Assyrien.

Cet événement arriva l'an du monde 3378.

TROISIÈME EMPIRE DE BABYLONE.

Nabopolassar fut le premier roi de ce nouvel empire.

Ce prince déjà vieux, associa à l'empire son fils Nabuchodonosor II. Il l'envoya contre la Syrie et la Palestine qu'il soumit sous sa domination. Il entra aussi dans la Judée, mit le siège devant Jérusalem, et s'en rendit maître; il emmena captifs à Babylone une grande multitude de Juifs. C'est de cette époque que l'on commence à compter les soixante-dix années de captivité à Babylone dont il est parlé dans l'histoire sainte.

Nabopolassar mourut après un règne de vingt-un ans, son fils succéda à tous ses états.

Nabuchodonosor II, prit encore deux fois Jérusalem.

Quelque temps après son retour à Babylone, il revint dans la Syrie, et assiégea Tyr, ville de la Phénicie. Ce ne fut qu'après un siège de treize ans qu'il se vit maître de cette ville. Les Tyriens se retirèrent avec leurs meilleurs effets dans une île voisine.

Ce prince subjugua aussi l'Egypte depuis Magdole jusqu'à Sienne, vers les frontières d'Ethiopie. Il fit d'horribles ravages dans ce royaume et chargea son armée de tout le butin qu'il y avait pris.

Nabuchodonosor mourut après avoir régné 43 ans depuis la mort de son père. C'est un des plus grands rois qui ait régné en Orient.

Ses successeurs, Elvimerodac, Nériglissor et Laborosoarchod ne firent rien de remarquable.

Laborosoarchod eut pour successeur Labynit que l'on nomme Balthazar.

La première année du règne de Balthazar, Cyrus, roi de Perse, vint mettre le siège devant Babylone. Le siège de cette ville présentait les plus grandes difficultés par rapport à ses murailles, et surtout par rapport à l'Euphrate qui était le plus fort rempart. Cependant Cyrus ayant appris que les Babyloniens célébraient une grande fête, et étant informé qu'il avaient l'habitude d'y passer la nuit entière à boire et à faire la débauche, il profita de cette confusion pour se rendre maître de leur ville. Après avoir fait une tranchée des deux côtés du fleuve, l'Euphrate se trouva bientôt à sec. Les troupes s'avancèrent et pénétrèrent jusqu'au palais du roi, où elles entrèrent; elles firent main basse sur tous ceux qu'elles rencontrèrent et tuèrent Balthazar qui était accouru l'épée à la main.

La mort de ce prince mit fin à ce fameux empire des Assyriens, qui avait duré deux cent-dix ans depuis la destruction du grand empire des Assyriens, qui l'avait précédé, et

Babylone fut soumise à la domination des Perses.

Cet événement arriva l'an du monde 3466, et l'an 538 avant Jésus-Christ.

De cette époque, Babylone perdit la qualité de ville royale, et les rois de Perse lui préférèrent un autre séjour.

Vingt-deux ans s'étaient écoulés, et au commencement de la cinquième année du règne de Darius, fils d'Hystaspe, alors roi de Perse, les Babyloniens avaient fait secrètement des préparatifs de guerre, et levèrent l'étendard de la rébellion. Darius les assiégea avec toutes ses forces, et sans le dévouement de Zopire, seigneur persan, il n'aurait jamais pu prendre Babylone, dont le siège durait déjà depuis 19 mois.

Ce seigneur s'étant fait couper le nez et les oreilles, se présenta devant Babylone, se plaignant amèrement de la cruauté qui avait été exercée sur lui; il offrit ses services pour s'en venger, ils furent acceptés, on le nomma généralissime des troupes, et on lui confia la garde des murailles, suivant la convention qui avait été faite avec Darius, ce prince fit approcher son armée, Zopire ouvrit les portes de la ville, et en rendit ainsi Darius maître.

Pour mettre Babylone hors d'état de pouvoir se révolter dans la suite, Darius fit enlever les cent portes, et abattre les murailles de cette superbe ville.

Pendant fort long-temps Babylone resta au pouvoir des rois de Perse, mais elle perdait chaque jour de sa splendeur par l'abandon dans lequel on la laissait.

Par suite de la conquête de la Perse par Alexandre-le-Grand, Babylone fut soumise à la domination de ce prince. Plus tard cette ville fut négligée, on ne s'occupa plus ni du soin de l'embellir, ni même de la réparer. Elle fut si universellement abandonnée que les murs tombèrent et les eaux la firent dégénérer en un marais.

Les traces de Ninive et de Babylone, ces deux villes immenses, sont tellement effacées, qu'il ne reste aucun vestige qui puisse indiquer au juste les lieux qu'elles occupaient.

OBSERVATIONS SUR BABYLONE.

Babylone était une très-grande, très-puissante, très-belle et très-riche ville. Elle s'étendait sur les deux rives de l'Euphrate, qui passait à travers les deux villes, qui n'en faisaient qu'une, au moyen d'un pont de communication qui les réunissait. Les murailles de la ville avaient soixante-quinze pieds d'épaisseur et trois cents pieds de hauteur. On y remarquait les quais, le pont, les digues, les canaux qu'on avait faits pour la décharge du fleuve lorsqu'il se débordait. On y voyait des jardins suspendus sur des voûtes faites en forme de terrasse.

Deux palais magnifiques sur les deux bords de l'Euphrate, communiquaient, dit-on, par un passage construit sous le fleuve.

La tour de Bélus avait six cents pieds de haut.

Ces beaux et magnifiques ouvrages étaient attribués à la fameuse Sémiramis, à Nabuchodonosor II et à plusieurs autres rois.

GOUVERNEMENT DES BABYLONIENS.

Le gouvernement des Babyloniens était monarchique, la royauté passait des pères aux fils, et toujours à l'aîné.

SCIENCES.

Les Babyloniens n'avaient pas fait moins de progrès dans les sciences que les Egyptiens.

On leur attribue l'honneur d'avoir jeté les premiers fondements de l'astronomie. On suppose que c'est la hauteur extraordinaire de la tour de Bélus ou Babel, qui les porta à examiner avec soin les divers mouvements du ciel, et que sur cette tour, ils avaient établi un observatoire où ils déterminèrent la durée de l'année.

Les connaissances astronomiques que les Babyloniens avaient acquises, les jetèrent dans les erreurs de l'astrologie judiciaire, c'est-à-dire, qu'ils jugeaient de l'avenir par la connaissance des astres, et qu'ils prédisaient les événements par la situation des planètes et par leur différents aspects.

RELIGION DES BABYLONIENS.

Les Babyloniens adoraient les astres parce qu'ils leur attribuaient la divinité, et les regardaient comme le principe des choses futures.

MÈDES.

Après la mort de Sardanapale, roi de Ninive, les Mèdes se séparèrent de l'empire des Assyriens, sous le joug desquels ils étaient : Arbace, qui en était gouverneur et avait été un des principaux auteurs de la conspiration contre Sardanapale, s'établit maître souverain de la Médie et prit le titre de roi.

Les Mèdes vécurent pendant quelque temps dans la liberté qu'ils avaient acquise, mais après la mort d'Arbace, ils furent plongés dans l'anarchie.

Les désordres inséparables de cet état, déterminèrent le peuple à fonder une monarchie et à choisir un roi ; ce choix tomba d'un consentement unanime sur Déjoce.

Ce prince rétablit le bon ordre, poliça et civilisa les Mèdes, leur fit bâtir une ville nommée Ecbatane, connue aujourd'hui sous le nom d'Amadan, et leur donna des lois pour le bien de l'état.

Il se rendit presque inaccessible, et ne permit à ses sujets de lui parler et de lui communiquer leur affaires, que par des placets et des personnes interposées.

Déjoce mourut après un règne de cinquante-trois ans, et eut pour successeur son fils Phraorte.

Phraorte avait l'humeur belliqueuse, il attaqua les Perses, les vainquit et les assujettit à son royaume. Il porta aussi la guerre contre les Assyriens, mais il fut vaincu par Nabuchodonosor Ier, qui prit Ecbatane, et la donna au pillage à ses soldats.

Phraorte étant tombé entre les mains de Nabuchodonosor, ce cruel prince le fit mourir à coups de javelots. Il avait régné vingt-deux ans.

Cyaxare Ier succéda à Phraorte son père. Ce jeune prince voulant venger la mort de son père, se ligua avec Nabopolassar, roi de Babylone, contre les Assyriens. Ces deux princes marchèrent contre Ninive, la prirent, tuèrent Sarac, qui en était roi, et détruisirent cette grande ville. (Ce trait d'histoire est rapporté au règne de Sarac, dernier roi de Ninive).

Cyaxare mourut après avoir régné quarante ans, et laissa le royaume à son fils Astyage.

Astyage régna trente-cinq ans, mais son histoire ne présente rien d'intéressant. Il eut deux enfants, savoir : Mandane, qu'il maria à Cambyse, roi des Perses, qui devint mère de Cyrus, et Cyaxare II, nommé Darius le Mède, à qui Cyrus laissa le gouvernement de Babylone, après qu'il eut réuni cette ville à l'empire des Perses.

La Médie fut réunie à la Perse par suite du mariage de Cyrus avec la fille de Cyaxare son oncle.

LYDIENS.

Les Lydiens tirent leur origine et leur nom de Lydus, fils d'Atys.

Argon, de la famille des Héraclides ou

descendants d'Hercule, fonda l'empire de Lydie et en fut le premier roi.

La capitale de l'ancien royaume de Lydie était Sardes, située sur le Pactole, dans l'Asie-mineure.

Candaule succéda à Argon ; il fut tué par Gygès, l'un de ses principaux officiers, d'après l'ordre qu'il en avait reçu de la reine, parce que le roi avait voulu faire voir sa beauté à cet officier.

Gygès épousa la reine et succéda à Candaule.

Ce prince soumit à sa domination Milet, Smyrne et Colophon, villes d'Ionie, dans l'Asie-mineure. Il mourut après un règne de trente-huit ans, et laissa pour successeur son fils Atys.

Atys régna quarante-neuf ans. Sous son règne, les Cimmériens prirent Sardes, excepté la citadelle.

Sadyatte succéda à Atys, et régna douze ans.

Alyatte, fils de Sadyatte, fit la guerre contre Cyaxare, roi des Mèdes, et chassa les Cimmériens. Il prit les villes de Smyrne et de

Clazomène. (Cette dernière ville se nomme aujourd'hui Kélisman).

Alyatte régna cinquante-sept ans, et eut pour successeur Crésus.

Crésus conquit plusieurs provinces voisines de ses états, entre autres la Pamphilie, la Phrygie et la Mysie. Ce prince était extrêmement riche ; ses trésors étaient le fruit de plusieurs mines qu'il avait dans ses états, aussi bien que du Pactole, qui roulait un sable d'or. Son immense richesse n'amollit point son courage, et il cultivait avec le plus grand plaisir les lettres et les sciences.

Sa cour était le séjour ordinaire de quelques fameux savants de l'antiquité : Solon le célèbre législateur d'Athènes, fut voir Crésus.

Crésus avait deux enfants, dont l'un était muet de naissance et l'autre se nommait Atys. Ce jeune prince fut tué dans une partie de chasse par un seigneur, qui, croyant lancer son javelot contre la bête, le lança contre Atys. Cette perte plongea Crésus dans la plus profonde douleur, et il ne revint de son accablement que deux ans après, et lorsqu'il songea à défendre ses états contre Cyrus, roi des Perses, qui étendait sa puissance.

Ce prince fit alliance avec les Assyriens et fut élu généralissime de l'armée qui devait être opposée à Cyrus. Le rendez-vous général de toute l'armée était à Tymbrée, ville de la Lydie, située assez près de Sardes, capitale du pays : toutes ses forces se montaient à quatre cent mille hommes, dont soixante mille de cavalerie. Cyrus le joignit avec ses troupes qui montaient à cent quatre-vingt-seize mille hommes, infanterie et cavalerie.

Les deux armées rangées en bataille en vinrent aux mains, les troupes de Crésus furent enfoncées et mises en fuite après une légère résistance.

Le lendemain, Cyrus marcha vers Sardes. Crésus sortit à sa rencontre pour lui livrer bataille, le combat fut opiniâtre, mais enfin les Lydiens cédèrent et se retirèrent dans la ville. Cyrus en forma le siège ; la nuit suivante il pénétra dans la citadelle, et à la pointe du jour, il entra dans la ville, où il ne trouva plus de résistance.

Cyrus traita Crésus avec beaucoup de clémence et de bonté, il lui conserva le titre de roi, mais il lui ôta tous les moyens de faire la guerre, et désira qu'il l'accompagnât dans toutes ses expéditions.

La prise de Sardes réunit la Lydie à la Perse.

Crésus avait un grand fond de douceur et d'humanité; il était brave et généreux, et il aimait beaucoup les savants et les gens d'esprit.

TYR.

Tyr, ville de la Phénicie, avait été bâtie par les Sidoniens, deux cent quarante ans avant le temple de Jérusalem.

Nabuchodonosor II, roi de Babylone, la réduisit après un siège de treize ans, et n'y trouva que des ruines, les habitants s'étant retirés avec leurs effets dans une île voisine, où ils bâtirent une nouvelle Tyr. L'ancienne fut rasée et n'a plus été qu'un village.

La nouvelle Tyr devint plus belle et plus puissante que celle que les Tyriens avaient été contraints d'abandonner.

Alexandre-le-Grand, pendant le cours de ses conquêtes, vint former le siège de cette nouvelle ville. Les Tyriens détruisirent les travaux qui avaient été exécutés, ils furent recommencés, et après un siège de sept mois, la ville de Tyr fut prise et ruinée. Les Tyriens furent horriblement massacrés : deux mille furent attachés en croix le long du rivage de la mer, et trente mille, faits prisonniers, furent vendus. Les Sidoniens en sauvèrent environ quinze mille qu'ils transportèrent dans leurs vaisseaux à Sidon.

Tyr a été depuis rétablie, ruinée, et elle n'est plus aujourd'hui qu'un bourg nommé Sur ou Sour.

La ville de Tyr était comme le centre du commerce de tout le monde connu. Les peuples y abordaient de toutes parts, y apportant leurs denrées et leurs marchandises. Cette ville s'était élevée à un si haut degré de gloire et de puissance, qu'elle se regardait comme la ville commune de toutes les nations, et comme la reine de la mer.

Les Tyriens fondèrent Cadix en Espagne. Ils enseignèrent à plusieurs peuples de l'occident l'art d'extraire et de travailler les métaux.

Elisa, sœur de Pygmalion leur roi, plus connue sous le nom de Didon, qui signifie aimable ou bien-aimée, voulant soustraire ses trésors à l'avarice de son frère, qui avait fait mourir Sichée son mari, dans le dessein de s'emparer de ses richesses, quitta Tyr avec un petit nombre d'habitants, aborda sur les côtes d'Afrique et s'y établit. Ayant acheté un terrain des habitants du pays, elle bâtit sa ville, qui fut appelée Carthada, Carthage, nom qui en langue phénicienne, signifie la la Ville neuve. Cette ville devint beaucoup plus riche et plus puissante que Tyr.

CARTHAGE.

Les Carthaginois, tirant leur origine de la ville de Tyr, capitale de la Phénicie, en conservèrent les mœurs, la religion, les lois, les usages, le goût, le langage et l'industrie pour le commerce. Ils parlaient la langue hébraïque, ou du moins une langue qui en était dérivée.

Les Phéniciens et les Carthaginois vécurent toujours dans la meilleure intelligence, les derniers n'ayant jamais oublié d'où ils étaient sortis.

Lorsque Tyr fut assiégée par Alexandre, les Carthaginois reçurent avec empressement les femmes et les enfants des Tyriens.

Carthage avait eu de très-faibles commencements, mais cette ville s'accrut si rapidement, et étendit si loin sa domination, qu'elle se fit un état qui le pouvait disputer aux plus grands empires du monde par son opulence, par son commerce, par ses nombreuses armées et surtout par le mérite de ses généraux.

RELIGION DES CARTHAGINOIS.

Les Carthaginois honoraient particulièrement deux divinités, la première était Uranie qui est la lune, dont ils imploraient le secours dans les grandes calamités, et surtout dans les sécheresses, pour obtenir la pluie. La seconde était Saturne, à qui ils offraient des victimes humaines. Ce culte impie avait passé de Tyr à Carthage, où il fut en usage jusqu'à la ruine de la ville.

Dans les temps de peste ils sacrifiaient à leurs dieux un grand nombre d'enfants.

Un historien rapporte que les Carthaginois, craignant pour leur ville qui était sur le point d'être assiégée, crurent que Saturne était irrité contre eux, parce qu'au lieu des enfants de la première qualité qu'on avait coutume de lui sacrifier, on avait mis à leur place des enfants d'esclaves et d'étrangers. Pour apaiser leur dieu, ils immolèrent deux cents enfants des meilleures maisons de Carthage; et trois cents citoyens qui se sentaient coupables de ce prétendu crime, s'offrirent volontairement en sacrifice.

Les généraux de Carthage commençaient et finissaient leurs entreprises par le culte des dieux, et en général la nation entière les honorait.

GOUVERNEMENT DE CARTHAGE.

Le gouvernement de Carthage était aristo-démocratique, c'est-à-dire, un gouvernement mixte, où l'autorité est partagée entre les grands et le peuple.

Le gouvernement était fondé sur des principes d'une profonde sagesse, et ce qui le prouve, c'est que pendant plus de cinq cents ans, il n'y eut aucune sédition, ni aucun tyran qui opprimât la liberté de cette république.

Le sénat était un corps composé de citoyens respectables par leur âge, leur expérience, leur naissance, leurs richesses et surtout leur mérite ; il était comme l'âme des délibérations publiques ; mais le peuple, dans la suite, voulant se mêler du gouvernement, tout se conduisit alors par cabales et par factions ; c'est ce qui fut une des principales causes de la ruine de l'état.

TRIBUNAL DES CARTHAGINOIS.

Le tribunal des Carthaginois était composé de cent quatre personnes. Cet établissement avait principalement été créé pour mettre un frein à l'autorité des généraux dont le pouvoir était souverain pendant qu'ils commandaient les troupes, et ils furent obligés de rendre compte de leur administration à ces juges au retour de leurs campagnes.

COMMERCE ET RICHESSES DE CARTHAGE.

La situation de Carthage au centre de la Méditerranée, était bien plus avantageuse que celle de Tyr, et le goût pour le négoce et pour la navigation que les Carthaginois avaient apporté de Tyr, qui était la première école du monde pour le commerce, élevèrent Carthage à un si haut degré de richesses et de puissance, qu'elle fut en état de disputer long-temps à Rome l'empire du monde.

Tous les Carthaginois, grands et petits, pauvres et riches, s'appliquaient au commerce avec un soin infatigable. Ils allaient partout acheter à bon marché le superflu de chaque peuple, pour le vendre à d'autres fort chèrement. Ils tiraient de l'Egypte le fin lin, le papier, le blé, les voiles et les câbles pour les vaisseaux. Des côtes de la mer Rouge, les épiceries, l'encens, les aromates, les parfums, l'or, les perles et les pierres précieuses. De Tyr et de la Phénicie, la pourpre et l'écarlate, les riches étoffes, les meubles somptueux, les tapisseries et les différents ouvrages curieux et d'un travail recherché.

A leur retour, ils rapportaient en échange le fer, l'étain, le plomb et le cuivre des côtes occidentales. Par la vente de toutes ces marchandises, ils s'enrichissaient aux dépens de toutes les nations.

Les Carthaginois s'établirent sur les côtes d'Espagne et ils y fondèrent Carthage la nouvelle, ou Carthagène. Cette colonie leur donna dans ce pays-là un empire presque égal à celui que Carthage l'ancienne possédait en Afrique.

Le commerce immense des Carthaginois leur avait donné l'empire de la mer.

Les mines d'or et d'argent que les Carthaginois trouvèrent en Espagne, leur procurèrent d'inépuisables richesses qui les mirent en état de soutenir de si longues guerres contre les Romains.

PUISSANCE MILITAIRE DE CARTHAGE.

La puissance militaire de Carthage consistait en rois alliés, en peuples tributaires, en soldats mercenaires qu'elle achetait, et en un corps de troupes de la nation, mais peu nombreux. Elle tirait de la Numidie une cavalerie légère, hardie et infatigable; des îles Baléares, les plus adroits frondeurs de l'univers; de l'Espagne, une infanterie ferme et invincible; des Gaules, des troupes d'une valeur reconnue. De cette façon, elle mettait tout d'un coup sur pied une puissante armée, composée des meilleurs soldats de l'univers, sans dépeupler ses campagnes, ses villes, sans arracher les artisans à leurs travaux, sans interrompre son commerce, et sans affaiblir la marine.

CARACTÈRE DES CARTHAGINOIS.

Les Carthaginois étaient fins, adroits,

industrieux, mais perfides. Ils avaient l'humeur austère et sauvage, et cela provenait du peu de soin qu'ils avaient de cultiver les sciences, les belles-lettres et les arts. A Carthage, toute l'étude des jeunes gens se bornait à écrire, à chiffrer, à dresser un registre, à tenir un comptoir, en un mot à ce qui regarde le commerce.

DESCRIPTION DE CARTHAGE ET SA RUINE.

Carthage avait tellement pris de l'acroissement, qu'au commencement de la guerre contre les Romains elle contenait sept cent mille habitants. Elle était située dans le fond d'un golfe, environnée de la mer, en forme d'une presqu'île qui la joignait au continent. Du côté où était la citadelle appelée Byrsa, la ville était close d'une triple muraille haute de quarante-cinq pieds sans les parapets et les tours. Chaque tour avait quatre étages, les murailles n'en avaient que deux, elles étaient voûtées, et dans le bas il y avait des étables pour mettre trois cents éléphants, et des écuries au-dessus, pour quatre mille chevaux, ainsi que des greniers pour y mettre leur nourriture. Il s'y trouvait aussi de quoi loger vingt mille fantassins et quatre mille cavaliers.

Il y avait deux endroits où les murs étaient plus bas, mais il communiquaient l'un à l'autre et n'avaient qu'une seule entrée large de soixante-dix pieds et fermée avec des chaînes. Le premier était pour les marchands, l'autre était pour les navires de guerre, au milieu duquel on voyait une île nommée Cothon, bordée, aussi bien que le port, de grands quais, où il y avait des loges séparées pour mettre à couvert deux cent-vingt navires, et des magasins au-dessus, où l'on gardait tout ce qui est nécessaire à l'armement et à l'équipement des vaisseaux. L'entrée de chacune de ces loges était ornée de deux colonnes de marbre d'ordre ionique, de sorte que tant le port que l'île, représentaient des deux côtés, deux magnifiques galeries. Dans cette île, était le palais de l'amiral, d'où il découvrait tout ce qui se passait en mer, sans qu'on put voir ce qui se passait dans l'intérieur du port. Les marchands de même n'avaient aucune vue sur les vaisseaux de guerre, les deux ports étant séparés par une double muraille, et il y avait dans chacune une porte particulière pour entrer dans la ville sans passer par l'autre port.

De la description qui précède, on peut distinguer trois parties dans Carthage, le port appelé Cothon, la citadelle appelée Byrsa, et la ville nommée Mégare.

Cette ville qui avait été florissante pendant sept cents ans, fut assiégée, prise et détruite par Scipion l'Africain le jeune, général romain. Trente ans après l'un des Gracques entreprit de la repeupler et y conduisit une colonie de six mille hommes. Dans la suite, sous les empereurs romains, elle fut toujours la capitale de toute l'Afrique, et elle subsista encore avec éclat pendant environ sept cents ans; mais les Sarrazins l'ont enfin tellement détruite, qu'il n'en reste plus aucun vestige.

Ses ruines sont à quatre ou cinq lieues de Tunis.

CONQUÊTES DES CARTAGINOIS.

SARDAIGNE. — SICILE. — ESPAGNE.

La Sardaigne est une île située dans la mer Méditerranée sur les côtes d'Italie.

L'histoire ne dit pas dans quel temps les Carthaginois s'en rendirent maîtres, mais il est certain qu'elle leur a appartenu long-temps. Pendant toutes leurs guerres, elle fut pour eux d'un grand secours et leur fournit toujours des vivres en abondance.

La Sardaigne n'est séparée de l'île de Corse, que par un détroit d'environ trois lieues, nommé Bonifacio, anciennement appelé *Taphros fretum*.

Les Carthaginois furent obligés d'abandonner la Sardaigne aux Romains, par suite d'une révolte des mercenaires contre les habitants, et ne se sentant pas en état de soutenir la guerre qui leur était déclarée.

Cette île passa avec le temps à différents princes, et aujourd'hui elle appartient en toute propriété au duc de Savoie qui la possède à titre de royaume.

SICILE.

La Sicile est l'île la plus grande, la plus considérable et la plus célèbre de toutes les îles de la mer Méditerranée. Elle est de figure triangulaire, et pour cela elle est appelée Trinacria et Triquetra. Elle est séparée de l'Italie par un détroit de quinze cents pas qu'on appelle le détroit de Messine, parce que cette ville en est proche.

Il y avait dans la Sicile un grand nombre de villes, dont les plus remarquables étaient Agrigente, Panorme, Sélinonte, Lylibée, Messine et Syracuse.

Comme ces villes joueront un grand rôle dans l'histoire, il est utile d'en donner la description.

Agrigente est située sur la côte de la mer qui regarde l'Afrique. Cette ville se nomme aujourd'hui Girgenti; elle était autrefois puissamment riche, très-bien fortifiée et quoiqu'elle ne soit pas maintenant aussi riche et aussi grande, elle est toutefois une ville assez considérable.

Elle avait été conquise par les Carthaginois après un siège de huit mois. Cent quarante ans plus tard les Romains la leur enlevèrent après lui avoir fait souffrir un siège de sept mois.

Sélinonte, qui subsistait depuis 242 ans, fut prise d'assaut par Annibal, général carthaginois, qui la détruisit en l'abandonnant au pillage et à la fureur du soldat.

Lylibée était située sur la côte occidentale de la Sicile. Cette ville extrêmement forte était l'arsenal et le boulevard des Carthaginois. Les Romains la leur enlevèrent et la ruinèrent après un long et pénible siège. Il n'en reste plus aucun vestige.

Messine est une ville très-ancienne et port de mer. Elle est située sur le détroit qui porte son nom, détroit de Messine. C'est une grande ville, belle, riche et commerçante.

Les Carthaginois devinrent maîtres de la citadelle qui leur avait été livrée par les Mamertins, (soldats campaniens qui s'étaient emparés de Messine), mais ils en furent chassés par les Romains auxquels la ville fut également remise.

Syracuse fut fondée par Archias qui y conduisit une colonie de Corinthiens, vers l'an 43 de Rome et 710 avant Jésus-Christ. Cette ville, située sur la côte orientale de Sicile, était regardée comme la capitale de cette île à cause de la vaste étendue qu'elle avait alors, et de sa situation avantageuse. Elle avait deux ports tout près l'un de l'autre et qui n'étaient séparés que par l'île. Ils étaient environnés l'un et l'autre des édifices de la ville.

Ses fortifications construites avec grand soin, la multitude et la richesse de ses citoyens, la rendirent une belle et puissante ville.

Syracuse fut assiégée plusieurs fois, entre autres par les Carthaginois, elle perdit à diverses reprises sa liberté, puis la recouvra; elle fut gouvernée par plusieurs princes dont il sera fait mention dans le cours de cette histoire, savoir Gélon, Hiéron et Thrasybule, tous trois frères qui succédèrent l'un à l'autre. Après soixante ans de démocratie, Denys l'ancien, Denys le jeune, Dion, Timoléon et Agathocle y dominèrent successivement.

Les Romains s'en emparèrent l'an 212 avant Jésus-Christ.

Les guerres que la Sicile eut à soutenir durèrent plus de deux cents ans. Enfin cette île après avoir éprouvé beaucoup de révolutions, et avoir appartenu à divers maîtres, est aujourd'hui sous la domination du roi de Naples.

ESPAGNE.

L'histoire ne dit pas jusqu'où les Carthaginois poussèrent leurs conquêtes en Espagne, mais il est certain qu'ils s'en rendirent presque entièrement maîtres.

Lorsque le grand Annibal partit pour l'Italie, l'empire des Carthaginois s'étendait en Espagne, le long de l'Océan, depuis le détroit de Gibraltar jusqu'aux Pyrénées; et sur la Méditerranée, depuis ce même détroit jusqu'à l'Èbre.

Les îles Baléares, appelées maintenant Majorque et Minorque, dont les Carthaginois s'emparèrent, leur fournissaient les plus habiles frondeurs de l'univers, qui leur rendaient de grands services, et dans les batailles et dans les siéges des villes. Ils lançaient de grosses pierres du poids de plus d'une livre, et quelquefois même des balles de plomb, avec une telle force et une telle raideur, qu'ils perçaient les casques, les boucliers et les cuirasses, et ils manquaient rarement l'endroit qu'ils avaient dessein de frapper. Les habitants des îles Baléares étaient élevés dès l'enfance à manier la fronde, et pour cela, les mères plaçaient sur une branche d'arbre élevée, le morceau de pain destiné au déjeuner des enfants, qui demeuraient à jeûn jusqu'à ce qu'ils l'eussent abattu.

Toutes les possessions des Carthaginois en Espagne furent soumises aux Romains par Publius-Scipion, surnommé l'Africain.

L'Espagne ne fut entièrement domptée par les Romains qu'après plus de deux cents ans d'une vigoureuse résistance.

ÉTHIOPIE.

L'Ethiopie qui fait partie de l'Afrique, est située au midi de l'Egypte et aux environs du Nil supérieur.

Les Ethiopiens sont appelés Chusœi, à cause de Chus, fils de Cham, dont on les fait descendre.

Ils furent sur le point d'avoir la guerre avec Cambyse, fils de Cyrus, roi de Perse. Celui-ci avait envoyé à leur roi des ambassadeurs avec de riches présents, mais le roi d'Ethiopie, prit ces ambassadeurs pour des espions, refusa leurs présents, et prenant en main un arc extrêmement pesant, il le banda en leur présence et leur dit : « Quand les » Perses pourront se servir aussi aisément que » je viens de le faire, d'un arc de cette gran- » deur, qu'ils viennent attaquer les Ethiopiens?

Cette réponse irrita Cambyse, il marcha contre les Ethiopiens, mais n'ayant pris aucune mesure pour le bien de son armée, il échoua dans son entreprise.

TROIE.

La ville de Troie avait été bâtie près de l'Hellespont, dans l'Asie-mineure, par Dardanus. Ce royaume faisait partie de la petite Phrygie, et les rois étaient sous la dépendance de ceux d'Assyrie.

Hercule, fils d'Alcmène, arrière petit-fils de Persée qui régna à Mycènes en Grèce, prit la ville de Troie et tua le roi Laomédon.

Environ douze cents ans avant Jésus-Christ, Alexandre Pâris, fils de Priam, roi de Troie, ayant enlevé Hélène, femme de Ménélas, dixième roi de Sparte; toute la Grèce fut armée contre Troie. Cette ville soutint un siège de dix ans contre la puissance des Grecs réunis; elle succomba enfin, fut détruite et brûlée.

PERSE.

La Perse est une des parties de l'Asie méridionale. Ce royaume était peu considérable, Cambyse en était roi. Ce prince avait épousé Mandane, fille d'Astyage, roi des Mèdes, et de ce mariage naquit Cyrus.

Les villes principales de la Perse étaient Suze, Persépolis, qui fut détruite par Alexandre-le-Grand, et Pasagarda où les empereurs persans étaient couronnés.

L'histoire de Cambyse ne présente pas de traits remarquables. Il fit donner à Cyrus son fils, qui lui succéda, la plus belle éducation, et il l'instruisit de tous les devoirs d'un bon prince et d'un bon général.

Cyrus, du vivant de son père, et encore fort jeune, assista à plusieurs combats où il se distingua par sa valeur et sa prudence.

Ce prince s'étant marié avec la fille de Cyaxare son oncle, roi des Mèdes, ce pays fut réuni à la Perse. C'était alors une seule province qui se composait environ de cent-vingt mille hommes.

Cyrus étendit considérablement son empire par ses conquêtes. Il réunit sous sa domination l'Assyrie, la Médie, la Lydie, la Syrie, l'Arabie, et fonda ainsi le grand empire des Perses qui comprenait le vaste pays depuis le fleuve Indus jusqu'au Tigre, et depuis la mer Caspienne jusqu'à l'Océan.

Cyrus est celui dont il est parlé dans l'histoire sainte et qui l'an 536 avant Jésus-Christ, rendit un édit qui permettait aux Juifs de rebâtir Jérusalem, qui avait été détruite par Nabuchodonosor II, et de relever le temple de Dieu. Les Juifs recouvrèrent ainsi leur liberté.

Ce prince était doux, affable, généreux, et était également aimé de ses sujets naturels et des nations conquises. Il avait beaucoup d'esprit, de sagesse et de fermeté, et avait su se faire des amis fidèles qui, sans crainte de lui déplaire ou de blesser son amour-propre, lui disaient tout ce qu'ils pensaient. Il fut généralement regretté de tous les peuples.

Cyrus qui mourut âgé de soixante-dix ans, avait désigné Cambyse, son fils aîné, pour son successeur.

Cambyse monta sur le trône après que Cyrus fut mort.

Autant Cyrus fut un bon prince, autant Cambyse fut méchant.

Ce prince porta la guerre en Egypte sous le règne de Psamménite, fils d'Amasis, et il envahit ce pays. C'est de cette époque, l'an du monde 3479, que l'Egypte devint une province de l'empire des Perses. (Voir l'histoire d'Egypte, règne de Psamménite).

Un historien rapporte que pour se faciliter la prise de Péluse qui était la clef de l'Egypte du côté où il voulait entrer, il s'avisa d'un stratagème singulier. Il mit au premier rang de ses troupes un grand nombre de chats, de chiens et d'autres animaux qui étaient honorés par les Egyptiens, de telle sorte que les soldats n'osant tirer aucune flèche de ce côté là, de peur de percer quelques-uns de ces animaux, il se rendit maître de cette place sans aucune opposition.

L'année suivante il se dirigea vers l'Ethiopie pour y porter la guerre, mais ne s'étant pas pourvu de provisions, une cruelle famine contraignit l'armée à manger des feuilles d'arbre, puis les bêtes de charge, et enfin, les hommes furent réduits à l'affreuse extrémité de se manger les uns les autres. Cambyse donna l'ordre de retourner, et l'entreprise échoua.

De retour à Thèbes, il pilla tous les temples et enleva le fameux cercle d'or qui environnait le tombeau du roi Osymandias, lequel avait cinq cent quarante-sept pieds de circuit.

A son arrivée à Memphis, toute la ville était en joie : s'imaginant qu'on se réjouissait en Egypte du mauvais succès de ses entreprises, il manda les magistrats qui lui dirent que toute la ville était en joie parce qu'ils avaient trouvé le dieu Apis. Il ne voulut pas les croire et les fit tous mourir.

Il fit venir ensuite les prêtres, qui lui firent la même réponse. Il leur commanda de lui amener le dieu Apis. Ce prince étonné de voir un veau, au lieu d'un dieu, entra de nouveau en fureur, il tira son poignard et le lui enfonça dans la cuisse. Ayant reproché aux prêtres leur stupidité, il les fit cruellement fustiger. Le dieu Apis mourut de sa blessure quelques jours après.

Cambyse avait un frère unique, appelé Tanaxare ou Smerdis. Sur la foi d'un simple songe qu'il avait eu, que son frère aspirait à la royauté, il donna l'ordre à Prexaspe, l'un de ses principaux officiers et son confident, de le tuer, ce que celui-ci exécuta.

Peu de temps après, étant avec Méroé, sa jeune sœur qu'il avait épousée, à voir le combat d'un jeune lion et d'un jeune chien, celui-ci ayant été battu fut secondé par un autre chien, son frère qui le rendit vainqueur. Cambyse se divertissait beaucoup de ce spectacle, et Méroé pleurait. Cambyse ayant voulu connaître le motif de ses larmes, elle lui dit que ce combat lui rappelait le souvenir de son frère Smerdis, qui n'avait pas été aussi heureux que ce jeune chien. Cette observation irrita Cambyse qui donna un coup de pied dans le ventre de Méroé, qui était enceinte, et elle en mourut.

Prexaspe était obligé de dire à Cambyse ce que les Perses pensaient et disaient de lui. Ce courtisan lui dit un jour : « Ils admirent en

» vous beaucoup d'excellentes qualités, mais
» ils pensent que vous êtes trop adonné au
» vin. » J'entends, dit le roi, ils prétendent
que le vin me fait perdre la raison. Vous en
jugerez tout à l'heure. Il se mit à boire et de
plus grands coups et en plus grand nombre
qu'il n'avait jamais fait. Après quoi, prenant
son arc, il ordonna au fils de Prexaspe de se
placer au bout de la salle, la main gauche sur
la tête, et déclara qu'il en voulait à son cœur.
Il le perça en effet, puis après lui avoir fait
ouvrir le côté, montrant à Prexaspe le cœur
de son fils percé par la flèche : « Ai-je la main
» bien sûre, dit-il, d'un ton moqueur et
» triomphant. » Ce lâche père eut la monstrueuse flatterie de lui répondre : « Apollon
» lui-même ne tirerait pas plus juste. »

La conduite cruelle et inhumaine de Cambyse suscita une révolte contre lui.

Patisithe, l'un des chefs des mages (les mages étaient les dépositaires des mystères de la religion des Perses), avait un frère nommé Smerdis, qui ressemblait à Smerdis, fils de Cyrus, frère de Cambyse. Pendant l'absence de Cambyse pour son expédition d'Egypte,

Patisithe, qui avait été instruit du meurtre de Smerdis, mit son frère sur le trône, faisant courir le bruit que c'était Smerdis, fils de Cyrus. Cambyse averti de cette révolte, donna aussitôt ordre à ses troupes de marcher pour aller exterminer l'usurpateur, et il se disposait à se mettre à leur tête, mais en montant à cheval, son épée étant tombée du fourreau lui fit une blessure à la cuisse dont il mourut peu de temps après :

Les Égyptiens remarquèrent qu'il avait été blessé au même endroit où il avait blessé leur dieu Apis.

Ce prince, avant de mourir, fit assembler les principaux seigneurs et leur dit que c'était Smerdis le mage qui était sur le trône. Cependant les Perses, ignorant encore la mort de Smerdis, fils de Cyrus, crurent que ce qu'il disait n'était que par haine contre son frère : et lorsqu'il fut mort, ils se soumirent tranquillement au faux Smerdis, supposant que c'était le véritable.

Cambyse régna sept ans et cinq mois. Il est appelé Assuérus dans l'Ecriture.

SMERDIS LE MAGE.

Smerdis, qui avait usurpé la couronne, ne se maintint pas long-temps sur le trône.

Ce mage, en montant sur le trône, avait épousé plusieurs femmes, entre autres Phédine, fille d'Otanes, l'un des plus grands seigneurs persans. Comme Cyrus lui avait fait couper les oreilles pour certains crimes dont il avait été convaincu, il était facile de le distinguer de Smerdis, frère de Cambyse. Otanes prévint sa fille et l'invita à examiner adroitement si son mari avait des oreilles. Phédine profita de la première occasion, et elle vit que celui avec qui elle était n'avait point d'oreilles; elle en avertit son père et Smerdis fut ainsi découvert.

Otanes et six autres nobles persans au nombre desquels était Darius, fils d'Hystaspe, gouverneur de la Bactriane, formèrent sur le champ une conspiration qu'ils devaient exécuter le jour même.

Les mages, instruits de cette détermination, furent fort inquiets et engagèrent Prexaspe à déclarer devant le peuple, que le roi était véritablement Smerdis fils de Cyrus. Prexaspe le promit, le peuple fut assemblé, et Prexaspe, du haut d'une tour, déclara qu'il avait tué de sa propre main Smerdis par l'ordre de Cambyse, que celui qui occupait le trône était le mage; et après avoir ainsi parlé, il se jeta du haut de la tour la tête en bas et se tua.

Cependant les seigneurs conjurés, qui ignoraient ce qui venait de se passer, se dirigèrent vers le palais et pénétrèrent les armes à la main dans l'appartement du roi. Smerdis et son frère prirent leurs armes pour se défendre, l'un fut tué, l'autre s'étant sauvé dans une autre chambre, fut poursuivi et atteint par Gobryas et Darius, ce dernier lui passa son épée au travers du corps.

La tête du faux Smerdis et celle de son frère furent exposées aux yeux du peuple qui, transporté de fureur, massacra tout ce qu'il put rencontrer de mages.

On procéda aussitôt à l'élection d'un roi, et le choix tomba sur Darius, fils d'Hystaspe, Perse de nation, de la famille royale d'Achmène.

Dès que Darius fut sur le trône, son premier soin fut de régler l'état des provinces et de mettre de l'ordre dans ses finances. Il établit des impositions sur les peuples, afin surtout d'avoir constamment sur pied des troupes bien réglées et qui fussent exactement payées.

La cinquième année de son règne, il assiégea Babylone et ne se rendit maître de cette ville que par le dévouement de Zopire, seigneur persan. (Ce trait d'histoire est rapporté au troisième empire de Babylone).

Après la prise de Babylone, Darius se disposa à faire la guerre contre les Scythes, qui habitaient entre le Danube et le Tanaïs. Cette guerre était injuste et n'était fondée sur aucun motif raisonnable. Darius n'avait d'autre but que de satisfaire son ambition et d'étendre ses conquêtes. Artabane son frère lui représenta la difficulté, l'injustice et l'inutilité de cette expédition, dont le succès ne pouvait être d'aucun avantage pour son empire et pour ses troupes, puisqu'il allait combattre contre un peuple qui était sans villes, sans maisons, sans établissements, sans richesses. En effet, les Scythes, quoique considérés comme nation barbare, vivaient dans une grande simplicité et observaient la justice par goût et non par la contrainte des lois qu'ils ignoraient. Ils habitaient sous des tentes, qu'ils roulaient sur des chariots, dans lesquels ils transportaient leurs femmes et leurs enfants. Ils ignoraient l'usage de l'or et de l'argent. Les mœurs de ce peuple changèrent entièrement lorsqu'il eut commerce avec les Grecs et les Romains.

Darius ne profita pas du conseil de son frère. Il partit de Suze à la tête d'une armée de sept cent mille hommes, et il avait une flotte de six cents vaisseaux, composée principalement d'Ioniens et d'autres nations grecques, qui habitaient les côtes de l'Asie-mineure.

Dès que les Scythes eurent appris que le roi de Perse marchait contre eux, ils firent passer leurs femmes et leurs enfants, avec tous leurs troupeaux, vers les parties les plus septentrionales. Ils bouchèrent tous les puits et toutes les fontaines, et consumèrent tous les fourrages dans les lieux où les Perses devaient passer; ensuite ils vinrent au-devant d'eux pour les attirer dans l'intérieur du pays, car dès que les Perses paraissaient vouloir les

attaquer, ils se retiraient en s'avançant dans le pays. Cette ruse leur réussit, car plus Darius s'avançait dans l'intérieur de la Scythie, plus il avait à souffrir. Son armée était réduite à la plus fâcheuse extrémité, lorsqu'il arriva de la part des Scythes un héraut chargé d'offrir pour présents à Darius, un oiseau, une souris, une grenouille et cinq flèches. Il demanda ce que signifiaient ces présents ; l'officier répondit qu'il avait ordre de les lui offrir et rien de plus, que c'était à lui d'en pénétrer la signification. Gabryas, l'un des sept conjurés contre Smerdis le mage, expliqua cette énigme dans ce sens : « Sachez que si vous
» ne vous envolez dans l'air comme les oiseaux,
» ou si vous ne vous cachez dans la terre
» comme les souris, ou si vous ne vous en-
» foncez dans l'eau comme les grenouilles,
» vous ne pourrez échapper aux flèches des
» Scythes. »

Cette explication fit ouvrir les yeux à Darius, il renonça à son entreprise et donna l'ordre de retourner. Il revint à Sardes, non sans avoir couru les plus grands risques, car les Scythes pressaient vivement les Ioniens de rompre le pont du Danube, et sans Hystiée, tyran de Milet, ville maritime d'Ionie, qui s'y opposa fortement malgré les avis des autres chefs, c'en était fait de Darius et de son armée. Darius conserva toujours de la reconnaissance envers Hystiée, qui employa cependant beaucoup de ruse et de perfidie pour le trahir.

Les Schytes, pour se venger de l'invasion de Darius dans leur pays, passèrent le Danube et ravagèrent toute cette partie de la Thrace, qui s'était soumise aux Perses, jusqu'à l'Hellespont.

Quelques années après, Darius qui avait fait faire la découverte des pays qui étaient le long des bords du fleuve Indus, entra dans les Indes avec une armée, et réduisit ce pays sous sa domination.

RÉVOLTE DES IONIENS.

Aristagore, qui gouvernait à Milet pour Hystiée, avait conçu le projet de réduire Naxe, située dans la mer Egée, aujourd'hui l'Archipel, la plus puissante et la plus agréable des îles Cyclades, et de la soumettre à la domination de Darius, pensant que la réduction de cette île entraînerait celle de toutes les autres Cyclades, ce qui donnerait au roi un libre passage en Grèce. Il communiqua ce projet à Artapherne, frère du roi, qui l'approuva fort, et le fit également approuver par Darius. On équipa la flotte qui devait faire cette expédition, et le bruit courut qu'elle devait se diriger vers l'Hellespont. Cependant les Naxiens instruits que c'était à eux qu'on en voulait, firent tous les préparatifs de défense, et les Perses, après quatre mois de siège, furent obligés de se retirer.

Le mauvais succès de cette entreprise fut rejeté sur Aristagore, qui prit alors le parti de se révolter contre le roi et il fut soutenu par Hystiée.

Aristagore se rendit à Sparte pour engager cette ville à entrer dans ses intérêts, mais malgré les offres qu'il fit à Cléomène, qui était alors sur le trône, il ne put rien obtenir et fut obligé de sortir de Sparte.

Il passa de là à Athènes et obtint des Athéniens tout ce qu'il leur demanda. Ils lui donnèrent d'abord vingt vaisseaux.

Les Ioniens firent voile pour Ephèse, ville de l'Asie-mineure, port de la mer Egée, où ils laissèrent leur flotte. Ils marchèrent vers Sardes, qu'ils trouvèrent sans défense. Un soldat ayant mis le feu à une maison, la flamme se communiqua aux autres, et réduisit toute la ville en cendres.

Les Ioniens avaient été abandonnés des Athéniens, et malgré un échec assez considérable qu'ils avaient eu, ils ne perdirent pas courage et firent voile vers l'Hellespont. Les généraux persans les attaquèrent et les défirent en plusieurs rencontres, dans l'une desquelles Aristagore fut tué.

Le centre de la confédération étant à Milet, les généraux persans y conduisirent toutes leurs forces, et cette ville tomba en leur pouvoir. Toutes les villes révoltées rentrèrent alors dans le devoir, et la paix qui avait été troublée par les ambitieux Aristagore et Hysthiée, fut rendue à l'Ionie, après six ans de guerres et de malheurs.

Peu de temps après, Hystiée ayant été pris par les Perses, il fut conduit à Sardes, où

Artapherne le fit pendre sans en demander la permission à Darius.

L'incendie de Sardes avait irrité Darius, et dès lors il résolut de s'en venger et de porter la guerre en Grèce. C'est de cette époque que l'histoire des Perses est mêlée à celle des Grecs.

PERSES ET GRECS.

Pour commencer la guerre contre la Grèce, Darius donna le commandement de ses troupes à Mardonius, son gendre. La jeunesse et l'inexpérience de ce général lui firent éprouver des revers, et il fut même blessé dans un combat contre les Thraces.

Darius s'étant aperçu de la faute qu'il avait faite, rappela son gendre, et mit à sa place Datis et Artapherne, fils d'Artapherne son frère.

Ce prince voulant connaître la disposition des différents peuples Grecs, envoya des hérauts par toute la Grèce, pour demander en son nom la terre et l'eau. Telle était la manière dont les Perses exigeaient la soumission de ceux qu'ils voulaient assujettir. Ces officiers furent fort mal reçus à Sparte et à Athènes, et, contre le droit des gens, les uns furent jetés dans un puits, et les autres dans une fosse profonde.

Cet indigne traitement décida Darius à faire partir sur-le-champ Datis et Artapherne : il leur donna l'ordre de piller et de brûler Athènes, et de faire prisonniers tous les habitants; Ces deux généraux entrèrent en Grèce avec une armée de cent dix mille hommes. Les Athéniens ne purent obtenir de secours des autres Grecs, il n'y eut que les Platéens qui leur envoyèrent mille hommes. Les Spartiates leur avaient promis une armée, mais ils n'arrivèrent que fort tard et sans qu'il eut été besoin de leur secours. L'armée des Athéniens ne se montait qu'à onze mille hommes. Le commandement de cette armée fut donné à Miltiade, du consentement unanime des autres généraux qui, dans cette circonstance, firent disparaître tout sentiment de jalousie.

Miltiade, après avoir rangé son armée au pied d'une montagne, donna le signal, et ses troupes coururent contre l'ennemi. Le combat fut rude et opiniâtre, mais les Athéniens, quoique bien inférieurs en nombre, obligèrent les Perses de plier et de prendre la fuite, ils les poursuivirent jusque vers leurs vaisseaux, mirent le feu à plusieurs et en prirent sept.

Cette bataille mémorable se donna à Marathon, petite ville de l'Attique, située sur le bord de la mer, l'an 490 avant Jésus-Christ.

Darius, honteux de la défaite de son armée, n'en fut que plus animé à poursuivre la guerre contre la Grèce, mais avant de pouvoir exécuter ce projet, il fut obligé d'aller en Egypte, pour apaiser une révolte presque générale qu'il parvint à étouffer.

A son retour, il fit les dispositions pour tomber sur la Grèce avec toutes ses forces, mais il lui survint une maladie dont il mourut, après avoir régné trente-six ans.

Darius n'ayant pas désigné son successeur,

cette circonstance donna lieu à des disputes entre ses enfants, parce qu'il en avait qui étaient nés lorsqu'il était encore homme privé, et d'autres depuis qu'il avait été roi. Artabane jugea le différend et adjugea la succession à Xerxès.

Dès que Xerxès fut monté sur le trône, il résolut de faire la guerre aux Grecs, dans l'espérance que le résultat de cette guerre entraînerait après elle la conquête de l'Europe.

Pour réussir dans son dessein, il fit alliance avec les Carthaginois, et convint avec eux que pendant que les Perses attaqueraient la Grèce, les Carthaginois attaqueraient les nations grecques qui étaient en Sicile et en Italie, pour les empêcher de venir au secours des autres Grecs.

Après avoir soulevé contre la Grèce tous les peuples du monde alors connu, Xerxès partit de Suze, et marcha vers Sardes, où était le rendez-vous de l'armée de terre, pendant que celle de mer s'avançait le long des côtes de l'Asie-mineure, vers l'Hellespont.

Pour faire passer les troupes de l'Asie en

Europe par le détroit de l'Hellespont, appelé aujourd'hui détroit des Dardanelles ou de Gallipoli, Xerxès fit construire un pont de bateaux. Son armée, qui se montait à plus de deux millions d'hommes, employa sept jours et sept nuits à passer le détroit qui a plus d'un quart de lieue, et il arriva aux Thermopyles. Les Thermopyles sont un défilé ou passage du mont OEta, entre la Thessalie et la Phocide, qui n'a que vingt-cinq pieds de largeur, et qui était le seul endroit par où l'armée de terre des Perses pouvait entrer en Achaïe.

Ce fut dans cet endroit que l'armée des Grecs s'arrêta : elle n'était composée que de 4000 hommes et commandée par Léonidas, roi de Sparte : Xerxès fut surpris d'apprendre qu'on se préparait à lui disputer le passage. Il attendit cependant quatre jours, pendant lequel temps il chercha à gagner Léonidas par de magnifiques présents qui furent rejetés avec indignation. Puis Xerxès lui ayant écrit qu'il eut à lui livrer ses armes, Léonidas lui répondit en deux mots : Viens les prendre.

Enfin Xerxès donna l'ordre de marcher. Ses premières troupes prirent honteusement la fuite ; elles furent relevées par d'autres surnommées les immortels, au nombre de dix mille hommes, qui n'eurent pas un meilleur succès. Xerxès désespérait de pouvoir vaincre des troupes si déterminées, lorsqu'un habitant du pays lui montra un sentier détourné, vers une éminence, et qui conduisait au lieu où était Léonidas. Il y envoya un détachement qui marcha toute la nuit, y arriva à la pointe du jour, et s'en empara. Léonidas voyant l'impossibilité de résister, obligea les alliés de se retirer, et resta avec trois cents Spartiates qui, comme lui, résolurent de mourir plutôt que d'abandonner le poste qui leur avait été confié. Léonidas les mena au combat, le choc fut très-rude et très sanglant ; Léonidas tomba mort, et ses soldats tout en défendant son corps mort se battaient avec un courage incroyable. Enfin, accablés par le nombre, ils périrent tous, à l'exception d'un seul qui eut la lâcheté de se sauver, mais qui peu de temps après répara sa faute à la bataille de Platée.

Le combat des Thermopyles coûta au roi de Perse plus de vingt mille hommes, du nombre desquels se trouvèrent deux de ses frères.

Le même jour de cette célèbre action des Thermopyles, les Carthaginois, qui s'étaient alliés à Xerxès, et qui étaient passés en Sicile avec une armée de trois cent mille hommes commandés par Amilcar, le plus habile capitaine qui fut alors à Carthage, furent entièrement détruits par Gélon, roi de Syracuse, qui n'avait qu'une armée de cinquante-cinq mille hommes.

L'héroïsme de Léonidas ne fut pas apprécié par Xerxès, car, outré de dépit qu'il avait osé lui tenir tête, il fit attacher son cadavre à une potence, mais dans la suite on éleva un superbe monument, tout près des Thermopyles, à la mémoire de ces braves soldats, et l'on y inscrivit ces mots : « Passant, vas » annoncer à Lacédémone que nous sommes » morts ici pour obéir à ses lois. »

Xerxès, continuant sa marche, était entré dans la Phocide, brûlait et saccageait les villes des Phocéens. Les Athéniens qui se voyaient sur le point de tomber entre les mains des Perses, et persuadés qu'il était impossible de défendre Athènes contre leur armée innombrable, suivirent les avis de Thémistocle, qui les engagea à quitter leur ville et à monter sur leurs vaisseaux pour assurer leur liberté.

Thémistocle trouva de l'opposition parmi les autres généraux, dans la prétention qu'il élevait de conserver le poste avantageux de Salamine, détroit qui ne permettait pas à l'ennemi de faire usage d'une grande partie de ses forces, mais sa modération et la force de ses raisons firent revenir à son avis, et on résolut de donner la bataille dans ce détroit.

Les Perses attaquèrent d'abord les Grecs avec beaucoup d'impétuosité, mais quand on fut dans la mêlée, les Ioniens prirent la fuite, et ils furent bientôt suivis du reste de la flotte. Les Grecs prirent beaucoup de navires aux Perses et ils en coulèrent à fond un plus grand nombre encore.

Après cette défaite, Xerxès retourna à Sardes, laissant Mardonius en Grèce avec un corps d'armée de trois cent mille hommes. Ce général fit passer l'hiver à ses troupes dans la Thessalie, après quoi il marcha vers l'Attique. Les Athéniens abandonnèrent une seconde fois leur ville, et se retirèrent à Salamine. Mardonius entra dans Athènes, brûla les maisons et puis se retira du côté de la Béotie. Les Lacédémoniens et les Athéniens l'y suivirent avec une armée de soixante mille hommes, sous la conduite de Pausanias, roi de Lacédémone, et d'Aristide, général des Athéniens. Les deux armées s'étant rencontrées auprès de Platée, en vinrent aux mains. De part et d'autre on se battit avec un courage incroyable. La victoire fut long-temps disputée, mais Mardonius étant tombé mort, toute son armée prit la fuite. Les alliés les poursuivirent et les taillèrent presque tous en pièces.

Le même jour, les Grecs remportèrent une autre victoire sur les Perses, à Mycale, ville d'Ionie, promontoire du continent d'Asie. Après avoir forcé leur camp, ils brûlèrent tous leurs vaisseaux.

Xerxès ayant appris ces deux grandes défaites, abandonna Sardes et retourna en Asie.

Les Grecs voulant profiter de l'heureux succès de leurs armes, envoyèrent une flotte pour délivrer leurs alliés du joug des Perses. Cette flotte était commandée par Pausanias, pour les Lacédémoniens. Aristide et Cimon, fils de Miltiade, y commandaient pour les Athéniens. Après avoir mis en liberté les villes de l'île de Cypre, elle prit la ville de Bysance sur le bosphore de Thrace, aujourd'hui Constantinople, où elle fit prisonniers les plus riches et les plus considérables seigneurs de Perse.

La prise de cette ville fut le malheur de Pausanias. Il fit courir le bruit que les seigneurs persans, étaient sauvés tandis qu'il les avait renvoyés à Xerxès, avec une lettre où il l'engageait à lui livrer la ville de Sparte et toute la Grèce, à condition qu'il lui donnerait sa fille en mariage. Xerxès accueillit favorablement cette offre et il fit remettre beaucoup d'argent à Pausanias pour gagner les principaux des Grecs.

Dès ce moment Pausanias changea de conduite, il devint fier, dur et impérieux. Son orgueil et sa tyrannie rendirent odieux à tous les alliés le gouvernement des Lacédémoniens et le commandement de la Grèce fut déféré d'un consentement unanime à Aristide, surnommé le Juste, et à Cimon, fils de Miltiade, tous deux Athéniens.

La trahison de Pausanias ayant été découverte, il fut appelé à Sparte pour rendre compte de sa conduite. Ayant cru s'apercevoir de la résolution qui était prise contre lui, il se sauva dans un temple de Pallas (asile sacré pour les Spartiates). On ferma l'entrée du temple dont on découvrit le toit, et on le laissa périr là de faim et de misère, exposé à toutes les injures de l'air.

Le mauvais succès qu'avait eu Xerxès dans son expédition contre la Grèce, le firent renoncer à ses projets de guerre et de conquête, et il se livra entièrement au luxe et à la mollesse. Cette conduite lui attira le mépris de ses sujets, et Artabane, capitaine de ses gardes, le tua pendant qu'il dormait.

La couronne appartenait au fils aîné de Xerxès, mais il fut égorgé par Artaxerce, son jeune frère, qui fut soutenu dans ce crime par Artabane. Hystaspe, second fils de Xerxès, devait alors régner mais étant dans la Bactriane en qualité de gouverneur, Artabane plaça sur le trône Artaxerce, troisième fils de Xerxès. Artabane ayant conspiré contre son roi, fut mis à mort.

Artaxerce fut surnommé Longue-Main. Pour rester paisible possesseur du trône, il eut d'abord à combattre contre ceux qui étaient entrés dans la conjuration d'Artabane et il les extermina tous. Il porta ensuite la guerre dans la Bactriane, qui soutenait le parti de son frère, et ayant été victorieux, il s'affermit sur le trône.

Ce fut vers le commencement du règne de ce prince, que Thémistocle se réfugia en Perse. Cette particularité mérite d'être rapportée.

Quand cet illustre Athénien fut arrivé à la cour du roi des Perses, il se fit annoncer sous le nom d'un Grec, qui venait pour entretenir le roi d'affaires importantes. Ayant été admis à l'audience, il se prosterna devant le roi et l'adora, puis se relevant : « Grand roi, dit-il, » je suis Thémistocle, Athénien, qui, ayant » été banni par les Grecs, viens ici chercher « un asile. Mon sort est entre vos mains. Vous pouvez montrer ici ou votre clémence, ou votre colère.

Le roi ne lui répondit rien à l'instant, mais il se réjouit beaucoup de cette aventure avec ses amis. Le lendemain, il manda les plus grands seigneurs de sa cour et fit appeler Thémistocle. Le roi lui fit un accueil très-favorable et lui dit qu'il commençait par lui donner deux cents talents, somme qu'il avait promise à quiconque le lui livrerait, et qui lui était due, puisqu'il avait apporté lui-même sa tête, en se livrant à lui. Ce prince lui fit épouser une dame des plus nobles familles de Perse, et lui assura des revenus assez considérables. Thémistocle s'appliqua à apprendre la langue persane, et dans l'espace d'un an il parvint à la parler plus élégamment que les Perses mêmes.

Cimon, fils de Miltiade, remplaça Thémistocle dans le commandement des armées. Il commença à se signaler par la conquête de la ville d'Eione, sur le Strymon, dont Bogès était gouverneur pour le roi de Perse, d'Amphipolis, et d'autres endroits de la Thrace. Il se rendit aussi maître de l'île de Scyros, où il trouva les os de Thésée, fils d'Egée.

Après avoir chassé les Perses de la Grèce

Cimon attaqua leur flotte et la défit, puis dans un combat sur terre il fit un carnage horrible. L'année suivante, il chassa les Perses de la Chersonèse de Thrace.

Artaxerce était fort inquiet des conquêtes de Cimon. Pour en prévenir les suites, il fit faire à Thémistocle la proposition de se mettre à la tête d'une nombreuse armée. Ce général se trouva dans un extrême embarras; il ne voulut ni désobliger le roi ni se déclarer contre Athènes sa patrie, et pour se délivrer de cette cruelle position, il but du sang de taureau, et mourut ainsi à Magnésie, ville de Carie, dans l'Asie-mineure, âgé de soixante-cinq ans.

Le roi ayant appris la cause de sa mort, l'estima et l'admira encore davantage.

Les Egyptiens, qui étaient toujours sous la domination des Perses, se révoltèrent et appelèrent à leur secours les Athéniens, qui passèrent promptement en Egypte avec une flotte de deux cents voiles. Artaxerce envoya une armée formidable qui soumit les rebelles. (Ce fait est rapporté à la seconde partie de l'histoire d'Egypte).

La septième année de son règne, Artaxerce permit à Esdras de retourner à Jérusalem et d'emmener avec lui tous les Juifs qui voudraient le suivre.

La vingtième année, il donna un édit pour rétablir la ville et les portes de Jérusalem.

Cependant Cimon qui voulait détruire la puissance du grand roi de Perse, mit en mer une flotte de deux cents voiles, et mena les Athéniens contre les Perses. Il attaqua séparément les généraux Artabaze et Mégabyse, les défit, leur prit cent vaisseaux, en coula à fond plusieurs autres, et leur tua un nombre prodigieux d'hommes.

Les éclatants succès remportés par Cimon sur les Perses, décidèrent Artaxerce à demander la paix, et elle fut conclue à la condition de rendre la liberté à toutes les villes grecques d'Asie.

Ainsi finit la guerre entre les Athéniens et les Perses qui, depuis que les Athéniens avaient brûlé Sardes, avait duré cinquante-un ans.

Peu de temps après, Cimon mourut. Ce grand général, qui réunissait d'excellentes qualités, fut généralement regretté.

La huitième année de la guerre du Péloponèse, Artaxerce mourut après un règne de quarante-neuf ans. La reine sa femme mourut le même jour que lui. Les historiens croient que cette reine était l'illustre juive Esther, et qu'Artaxerce est l'Assuérus dont il est parlé dans l'Histoire sainte.

Artaxerce n'avait eu d'enfants de la reine sa femme que Xerxès, qui lui succéda, mais il en avait beaucoup d'autres de ses concubines, entre autres Sogdien, Ochus et Arsite.

Xerxès ne resta sur le trône que quarante-cinq jours; il fut tué par Sogdien un jour qu'il était seul. Sogdien fut déclaré roi à sa place; il ne jouit de l'empire que six mois et demi. Ochus, son frère, s'était mis à la tête d'une puissante armée, pour venger la mort de son frère Xerxès, il fut suivi de presque toutes les provinces et proclamé roi. Sogdien fut jeté dans la cendre, où il mourut d'une mort cruelle.

(On jetait le criminel dans une tour pleine de cendres, qu'on remuait autour de lui par le moyen d'une roue, jusqu'à ce qu'il en fut étouffé).

Ochus changea son nom en celui de Darius. Pour le distinguer, les historiens y ajoutent l'épithète Nothus, qui en grec, veut dire bâtard. Ce prince est donc connu sous le nom de Darius Nothus.

Arsite voulut à son tour supplanter Ochus, mais il ne réussit pas dans son dessein, et on le fit périr dans la cendre.

Sous le règne de Darius Nothus, les Egyptiens et les Mèdes se soulevèrent, ils furent réduits; et pour châtier leur rebellion, on appesantit leur joug qui avait été assez doux jusque-là.

Darius mourut après un règne de dix-neuf ans. Il donna la couronne à Arsace, son fils aîné.

Arsace en montant sur le trône prit le nom d'Artaxerce; les Grecs lui donnèrent le surnom de Mnémon, à cause de sa mémoire prodigieuse.

Le roi partit de sa capitale et alla à Pasagardes pour s'y faire sacrer. Le jeune Cyrus son frère avait résolu de l'égorger dans le moment où il quitterait sa robe pour prendre celle du grand Cyrus (tel était l'usage), mais ayant eu l'imprudence de confier son secret à l'homme qui avait élevé son frère, il fut arrêté et condamné à mort. Parysatis sa mère obtint son pardon et le fit renvoyer dans les provinces maritimes.

Dès que le jeune Cyrus fut arrivé dans son gouvernement, il s'appliqua à lever des troupes grecques pour les réunir aux siennes, et songea sérieusement à détrôner son frère. L'armée qu'il mit sur pied se composait de cent mille Perses et de treize mille Grecs. Sa flotte était composée de soixante vaisseaux, dont trente-cinq étaient de Lacédémone. Avec ces forces il prit sa route par les hautes provinces de l'Asie.

Artaxerce, informé des desseins de son frère, assembla une armée de douze cent mille hommes, et avec cette nombreuse armée, il se détermina à marcher à la rencontre de Cyrus.

Les deux armées s'étant rencontrées près d'un petit village nommé Cunaxa, à vingt-cinq lieues environ de Babylone, on se prépara de part et d'autre au combat, et on en vint aux mains.

Les Grecs coururent contre les Perses qui s'enfuirent tous. Cyrus s'abandonnant trop à son ardeur, se précipita du côté où était le roi, parvint jusqu'à lui et lui porta deux blessures. Artaxerce furieux, s'élance avec impétuosité sur Cyrus, le frappe de sa javeline dans la tempe, et le couche mort par terre. Artaxerce après avoir fait couper la tête et la main droite de Cyrus, poursuivit les ennemis dans leur camp, qu'il pilla. A son retour, il y eut encore un autre combat à l'avantage des Grecs, après lequel ces derniers retournèrent au camp, comptant y trouver Cyrus.

Les Grecs ayant appris, le lendemain de la bataille, que Cyrus était mort, offrirent la couronne de Perse à Ariée. Ce général refusa, annonça son départ pour l'Ionie, et leur dit que ceux qui voudraient le suivre, vinssent le joindre pendant la nuit. Tous les Grecs se rendirent au camp d'Ariée. De là ils partirent et marchèrent à grandes journées, mais Artaxerce les atteignit. Ils se rangèrent à l'instant dans le même ordre de bataille qu'ils étaient au jour du combat. Cette contenance si hardie épouvanta le roi, il envoya des hérauts pour traiter de la paix. Cléarque, Lacédémonien, l'un des principaux généraux, répondit qu'il fallait commencer par se battre, parce que son armée manquant de vivres, ne pouvait pas attendre plus long-temps. Le roi les fit conduire dans les villages voisins, où ils trouvèrent des vivres en abondance et où ils séjournèrent trois jours. La paix fut conclue par Tissapherne, qui traitait pour le roi et qui s'était engagé à conduire les Grecs dans leur patrie. Cependant les Perses n'agissaient pas avec franchise, Cléarque s'en aperçut et voulut s'en expliquer avec Tissapherne; celui-ci contre la foi du traité, le fit arrêter, ainsi que plusieurs autres généraux et vingt capitaines. Il fit massacrer les capitaines et envoya Cléarque et ses collègues vers le roi, qui leur fit trancher la tête.

RETRAITE DES DIX MILLE GRECS.

Les Grecs étaient encore au nombre de dix mille. Le massacre de leurs généraux et de leurs officiers, les jeta dans la plus profonde consternation. Ils étaient à cinq ou six cents lieues de leur patrie, et leur abattement était si général, qu'ils ne songeaient à prendre ni nourriture, ni repos. Ils furent enfin ranimés et encouragés par Xénophon, jeune Athénien, nommèrent cinq généraux et formèrent le hardi projet de retourner en Grèce.

Xénophon les exhorta à supporter les malheurs qui pourraient survenir, il leur rappela les célèbres journées de Platée, des Thermopyles, de Salamine et de tant d'autres, et les engagea, pour faire une retraite plus prompte et moins embarrassée, à se défaire de tout le bagage inutile et de ne garder que celui dont on ne peut se passer absolument. Tous les soldats levèrent les mains comme signe d'approbation, ils brûlèrent sur le champ leurs tentes et leurs chariots, et l'armée se mit en marche.

Ils repoussèrent toutes les attaques des Perses, surmontèrent toutes les difficultés qui se présentèrent, traversèrent la Mésopotamie, l'Arménie, l'Asie-mineure, et enfin après cinq mois de la marche la plus pénible, ils revinrent dans la Grèce.

Cette retraite admirable mérite de passer à la postérité la plus reculée. Elle fait autant d'honneur aux Grecs que de honte à Artaxerce. Cet heureux succès anima tellement les Grecs qu'ils firent trembler Artaxerce, et mirent l'empire des Perses à deux doigts de sa ruine.

Cinq ans après la bataille de Cunaxa, Agésilas qui avait été déclaré roi de Sparte, fut nommé généralissime des troupes qu'on envoyait contre les Perses, pour délivrer de la servitude les Grecs d'Asie. Ce roi songeait à aller attaquer Artaxerce dans la Perse même.

Quand il fut arrivé à Ephèse, ville de l'Asie-mineure dans l'Ionie, il fut trompé par Tissapherne, qui lui promit que le roi son maître laisserait aux villes grecques de l'Asie leur liberté, et qui au contraire, après avoir réuni ses forces, lui commanda de se retirer de l'Asie. Agésilas entra en campagne sur le champ, il fit semblant de vouloir attaquer la Carie, puis il tourna tout court et se jeta dans la Phrygie où il prit plusieurs villes, et amassa d'immenses richesses qu'il distribua aux officiers et aux soldats.

Plus tard il annonça qu'il marcherait en Lydie; Tissapherne pensant que c'était encore une ruse, fit marcher ses troupes vers la Carie, mais Agésilas entra en Lydie et s'approcha de Sardes. Tissapherne accourut au secours de cette place avec sa cavalerie, une bataille s'engagea; les Perses, du premier choc prirent la fuite, les Grecs les poursuivirent, firent un grand carnage et beaucoup de butin. Cette victoire coûta la vie à Tissapherne, il fut accusé de trahison, le roi le fit arrêter et ordonna qu'on lui coupât la tête, ce qui fut exécuté.

Les succès d'Agésilas satisfirent singulièrement Sparte qui lui donna le commandement de l'armée navale, de sorte qu'il se vit maître absolu de toutes les troupes de terre et de mer. Déjà les provinces de la haute Asie, tremblaient et étaient prêtes à se révolter en sa faveur, lorsqu'un satrape d'Artaxerce, fit corrompre plusieurs villes de la Grèce et les fit révolter contre Sparte. Thèbes, Argos, Corinthe et Athènes, furent des premières qui entrèrent dans les vues du satrape.

Dans cette fâcheuse circonstance, Agésilas

fut rappelé pour venir au secours de sa patrie. L'ordre qu'il reçut émanait des éphores, et il s'y soumit aussitôt.

Cependant les Lacédémoniens prévinrent la ligue formée contre eux. Ils vinrent livrer bataille aux ennemis dans leur pays et ils remportèrent sur eux un avantage considérable. Sur mer un combat se donnait entre la flotte de Sparte et celle des Perses, commandée par Conon, athémien. Les alliés de Sparte ayant pris la fuite, Conon prit cinquante galères. Les alliés de Sparte qui ne se déclarèrent pas pour les Athéniens, se rétablirent dans leur ancienne liberté.

Agésilas était alors en Béotie, quand il apprit cette fâcheuse nouvelle. Un combat sanglant eut lieu entre son armée et les Thébains, il y reçut plusieurs blessures, mais il resta victorieux. Cette fameuse bataille se donna près de Coronée, qui n'est plus aujourd'hui qu'un triste village.

Agésilas s'en retourna à Sparte où il fut reçu avec toutes les marques d'une véritable joie.

Conon, à qui le satrape de Phrygie avait

laissé la flotte d'Artaxerce avec des sommes considérables pour le rétablissement d'Athènes, releva en peu de temps les murs de cette ville, la rétablit dans son ancien éclat, et la rendit plus formidable que jamais à ses ennemis. Les Spartiates, jaloux du rétablissement de cette ville leur rivale et ennemie, dans l'espoir de l'humilier et d'asservir la Grèce, firent proposer la paix au roi de Perse Artaxerce. Elle fut conclue et signée par Antalcidas, lacédémonien. Le traité portait que toutes les villes grecques d'Asie demeureraient soumises au roi, et que toutes les autres, tant petites que grandes, conserveraient leur liberté.

Par ce traité, Sparte et Athènes se sont couvertes de honte.

Artaxerce, débarrassé de la guerre contre les Grecs, tourna ses forces vers l'île de Cypre, avec laquelle il était en guerre depuis plusieurs années. Il força Evagore, roi de Salamine de capituler, et d'abandonner toutes les villes de Cypre, excepté Salamine qu'il lui laissa à la condition de payer un tribut annuel au roi de Perse.

Après quelques années de repos, Artaxerce se dirigea vers l'Egypte qui avait secoué le joug de la domination des Perses. L'armée de terre montait à deux cent mille Perses et à vingt mille Grecs. Les forces de mer étaient proportionnées à celles de terre. (Les détails de cette expédition sont rapportés à la seconde partie de l'histoire d'Egypte).

Vers la fin de cette guerre, l'Asie-mineure, la Syrie, la Phénicie et plusieurs autres provinces soumises aux Perses se révoltèrent et prirent les armes. Cette révolte fut occasionnée par les gouverneurs qui vexaient les peuples et les accablaient d'impôts, mais les révoltés étant rentrés dans le devoir, elle se dissipa d'elle-même.

Artaxerce vieux et faible, connaissant les cabales qui se faisaient à sa cour pour le choix de son successeur, désigna Darius, l'aîné de ses trois fils légitimes. Celui-ci conspira contre la vie de son père, et fut mis à mort.

Ochus, pour arriver au trône, força son frère Araspe à s'empoisonner, et il fit assassiner Arsame qu'il redoutait parce qu'il était tendrement aimé du roi, quoiqu'il ne fut fils que d'une concubine.

Artaxerce accablé d'affliction, mourut après un règne de quarante-trois ans.

Ochus prévoyant que le meurtre de ses deux frères le rendrait odieux, fit cacher la mort de son père. Il se mit à la tête des affaires et rendait les décrets au nom d'Artaxerce. Dans un de ses décrets il se fit proclamer roi, toujours par ordre d'Artaxerce, et quelques mois après, il déclara la mort de son père et monta sur le trône.

Ochus fut un prince méchant et cruel. Dans la crainte que les provinces ne missent sur le trône quelqu'autre prince de la famille royale, il les fit tous mourir. Il fit enterrer vive sa propre sœur Ocha, dont il avait épousé la fille.

Ayant renfermé un de ses oncles, avec cent de ses fils ou de ses petits-fils, dans une cour, il les fit tous tuer à coups de flèches.

Ochus se disposait à marcher vers l'Egypte, qui, depuis long-temps se soutenait dans sa révolte, lorsque les Phéniciens et les Cypriotes se soulevèrent et formèrent une ligue avec Nectanébus alors roi d'Egypte. Ochus réduisit la Phénicie et l'île de Cypre, et s'avança du côté de l'Egypte qu'il réduisit également. (Ce trait d'histoire est cité à la seconde partie de l'histoire d'Egypte).

Dans cette expédition, Ochus exerça beaucoup de cruautés contre l'Egypte, il profana les temples, fit tuer le dieu Apis qu'il fit sacrifier à un âne, et qu'il fit apprêter ensuite et servir aux officiers de sa maison.

Bagoas, égyptien, qui était son favori et son premier ministre, outré de la conduite de son maître, l'empoisonna, et il mourut après un règne de vingt-trois ans.

Ce ministre, pour se venger de ce que Ochus avait fait manger Apis, fit manger son corps mort par des chats, à qui il le donnait haché en petits morceaux : pour ses os, il en fit faire des manches de couteaux ou d'épées, symboles naturels de la cruauté de ce prince.

Bagoas qui était revêtu de toute l'autorité, mit sur le trône Arsès, le plus jeune de tous les fils d'Ochus et fit mourir les autres. Arsès s'aperçut qu'il n'avait que le titre de roi, et voulut se défaire de son ministre, mais celui-ci le prévint ; il le fit assassiner et détruisit toute sa famille. Bagoas mit ensuite sur le trône Darius-Codoman. Ce prince commença à régner la même année qu'Alexandre-le-Grand, dont l'histoire sera rapportée à l'article Macédoine.

Darius-Codoman instruit des expéditions d'Alexandre et du dessein qu'il avait de conquérir la Perse, prit ses mesures, se forma une armée de cent mille hommes de pied et de dix mille cavaliers, et se dirigea vers le Granique, fleuve de Phrygie. Alexandre arriva sur les bords de ce fleuve du côté opposé des Perses qui résolurent de lui disputer le passage. Alexandre le traversa néanmoins, un combat opiniâtre s'engagea, les Perses firent d'abord plier les Macédoniens, mais la présence d'Alexandre les ranima, les Perses furent renversés et mis en déroute. L'infanterie Grecque qui était à la solde de Darius, aima mieux périr que de fuir ou de se rendre à des conditions honteuses. Cette troupe fut toute taillée en pièces, excepté deux mille hommes qui furent faits prisonniers.

Cette bataille coûta à Darius vingt mille hommes d'infanterie et deux mille cinq cents cavaliers. Les villes de Sardes, d'Ephèse, de

Tralles et de Magnésie, se rendirent au vainqueur. Peu de temps après, Darius perdit encore Milet, dans l'Ionie, et Halicarnasse dans la Carie.

Ces pertes décidèrent Darius à entrer dans un complot formé par un général d'Alexandre contre la vie de son maître, et à offrir à ce traître trente millions avec le royaume de Macédoine, s'il le délivrait de ce formidable ennemi. Cette trahison fut découverte et le coupable mis à mort.

Cependant Alexandre continuait sa marche et il était dans la Phrygie. Darius pour l'obliger de sortir de l'Asie chargea Memnon, l'un de ses généraux, de porter la guerre en Macédoine. Déjà ce général avait pris l'île de Chios et celle de Lesbos, excepté la ville de Mytilène qu'il fut obligé d'assiéger, mais il mourut pendant le siège de cette ville. La mort de Memnon fit échouer l'entreprise parce que Darius n'avait pas de général assez capable pour le remplacer.

Cette mort décida Alexandre à marcher vers les provinces de la haute Asie, et il arriva dans la Cilicie. De son côté, Darius qui était à la tête d'une armée de six cent mille hommes, se mit en marche et approcha de l'ennemi.

Les deux armées se rencontrèrent auprès de la petite ville d'Issus, l'action fut des plus rudes, la victoire resta long-temps sans se déclarer, mais enfin Alexandre ayant enfoncé et mis en fuite l'aîle gauche des Perses où était Darius, et l'infanterie étant taillée en pièces, la déroute de l'armée fut générale et la victoire fut complète du côté d'Alexandre. Parmi le grand nombre de prisonniers se trouvèrent la femme de Darius, Sysigambis sa mère, deux de ses filles, et un fils encore enfant.

Après cette victoire, Alexandre prit le chemin de la Syrie, tandis que Darius s'enfuyait à travers les campagnes. Il arriva enfin à Thapsaque pour mettre l'Euphrate entre Alexandre et lui. De ce lieu, il écrivit à Alexandre une lettre où il prenait le titre de roi, sans le lui donner. Il lui offrait autant d'argent qu'il voudrait, à condition qu'il lui rendrait sa mère, sa femme et ses enfants. Il lui conseillait de se contenter du royaume de ses ancêtres, et l'invitait à vivre en bons amis et fidèles alliés.

Cette lettre valut à Darius une réponse sur le même ton. Elle portait en tête ces mots : *le roi Alexandre à Darius.* Après lui avoir retracé ce que les Perses ses prédécesseurs avaient fait en Grèce, lui avoir rappelé qu'il avait promis mille talents d'or à celui qui le tuerait, il lui dit que s'il venait se présenter à lui comme suppliant, il lui rendrait, sans rançon, sa mère, sa femme et ses enfants. Il terminait sa lettre ainsi : « Mais souvenez-vous » une autre fois, quand vous m'écrirez, que » vous écrivez non-seulement à un roi, mais à » votre roi ».

La Syrie et la Phénicie s'étaient soumises, et Alexandre était occupé au siège de Tyr lorsqu'il reçut une seconde lettre de Darius qui le traitait de roi. Il lui offrait dix mille talents (trente millions) pour la rançon des princesses captives, avec sa fille Statira en mariage, et tous le pays qu'il avait conquis jusqu'à l'Euphrate. Alexandre lui répondit qu'il n'avait pas besoin de son argent, et qu'il ne lui était pas permis d'offrir ce qu'il avait perdu.

Peu de temps après, la femme de Darius mourut et Alexandre lui fit faire des funérailles magnifiques. Lorsqu'il eut rendu les derniers devoirs à cette infortunée reine, il se remit en marche et passa l'Euphrate. Darius lui fit demander la paix, mais Alexandre lui fit répondre, que le monde ne pouvait souffrir ni deux soleils ni deux maîtres, qu'il eut en conséquence à choisir, ou de se rendre aujourd'hui, ou de combattre demain. Darius préféra combattre. Son armée était composée de six cent mille hommes de pied et de quarante mille chevaux; celle d'Alexandre n'était que de quarante mille fantassins et de sept à huit mille cavaliers.

D'abord les Perses eurent quelque avantage, prirent le camp des Macédoniens et le pillèrent, mais le courage et l'intrépidité d'Alexandre ayant ranimé ses soldats, l'armée formidable des Perses fut mise en fuite et vivement poursuivie.

Cette bataille fut appelée la bataille d'Arbelles, parce qu'elle se donna près de cette ville. Un historien rapporte que les Perses y perdirent près de trois cent mille hommes, sans compter les prisonniers.

Darius qui s'était enfui, était arrivé à Ecbatane, capitale de la Médie. Ce prince fugitif n'avait plus que trente mille hommes d'infanterie et trois mille cavaliers. Alexandre, après s'être emparé de Persépolis, capitale de la Perse, qu'il brûla, poursuivit Darius, mais celui-ci partit aussitôt qu'il sut qu'Alexandre venait le chercher. Ses troupes étaient disposées à le suivre partout, mais elles furent corrompues par deux traîtres, Darius fut saisi et lié avec des chaînes d'or.

Alexandre apprit bientôt cette nouvelle, il força sa marche et joignit les conjurés. Ceux-ci voulant contraindre Darius à monter à cheval, pour se sauver de son ennemi, ce roi refusa de les suivre. Entrant alors en fureur, ils lancèrent leurs dards contre lui, le laissèrent tout couvert de blessures et s'enfuirent par divers endroits.

Darius fut trouvé dans un lieu écarté par un Macédonien, et après avoir dit à ce soldat quelques mots en l'honneur d'Alexandre, il expira. Alexandre arriva auprès de lui dans ce moment. Voyant le corps de Darius, il pleura amèrement; l'ayant fait embaumer et orner son cercueil avec une magnificence royale, il l'envoya à Sysigambis pour le faire ensevelir à la façon des rois de Perse, et le mettre dans le tombeau de ses ancêtres.

Ainsi mourut Darius-Codoman après avoir vécu près de cinquante ans et en avoir régné six.

Avec lui périt l'empire des Perses qui avait duré deux cent six ans, depuis Cyrus, l'an du monde 3468 jusqu'à 3674.

Cet empire fut tout entier soumis à Alexandre-le-Grand.

A la mort de ce conquérant, cinq de ses généraux se partagèrent les provinces de tout son empire; ils furent pendant vingt-deux ans en guerre, après lequel temps Antigone, l'un d'eux, ayant été tué à la bataille d'Ipsus en Phrygie, un nouveau partage fut fait et Séleucus eut la Syrie et les vastes et riches provinces de la haute Asie, qui composaient l'empire des Perses.

Séleucus fut alors reconnu pour roi. Il bâtit la ville d'Antioche sur la rivière d'Oronte, au pied du mont Amanus, dans la haute Syrie. Cette ville devint la capitale de l'Orient, elle dès lors les anciennes villes de la Perse ne furent plus que secondaires.

Les états de Séleucus, sont appelés dans l'histoire le royaume de Syrie, parce que ce prince et ses successeurs s'établirent dans cette province : la Perse proprement dite, n'eut plus que des gouverneurs.

Il est donc à propos que l'histoire des rois de Syrie suive celle de l'empire des Perses.

ROYAUME DE SYRIE.

Séleucus, premier roi de ce nouveau royaume, étant très-avancé en âge, céda à son fils Antiochus une grande partie de son empire et se réserva seulement les provinces qui étaient entre l'Euphrate et la mer. Oubliant l'intimité qui avait existé entre lui et Lysimaque, comme lui ancien général d'Alexandre et qui avait eu pour partage le royaume de Thrace, il lui déclara la guerre et lui livra bataille en Phrygie. Lysimaque y fut battu et tué. Toute sa famille fut exterminée et les provinces de son royaume furent démembrées.

Quelques mois après, Séleucus allant prendre possession de la Macédoine qu'il avait conquise, fut assassiné par Ptolémée-Céraunus, fils de Ptolémée-Soter, premier roi d'Egypte après la mort d'Alexandre.

Ce prince avait régné vingt ans, depuis la bataille d'Ipsus. Antiochus, surnommé Soter, son fils, lui succéda.

Antiochus-Soter, fut sur le point d'avoir la guerre avec Antigone-Gonatas, fils de Démétrius, qui s'était mis en possession du royaume de Macédoine. Ces deux princes dont les forces étaient égales, s'accommodèrent, Antigone épousa Phila, fille de Séleucus, et Antiochus lui céda ses prétentions sur la Macédoine.

Soter voulant s'emparer des états de Phileterre, roi de Pergame, qui était mort, il fut battu près de Sardes, par Eumène, neveu et successeur de Phileterre. Après cette défaite Soter retourna à Antioche. Il fit mourir un de ses fils qui avait conspiré pendant son absence, et fit proclamer roi l'autre. Ce prince mourut peu après.

Le nouveau roi prit le surnom de Théus, qu'il ajouta à son nom d'Antiochus.

Il entreprit une guerre en Egypte sous le règne de Ptolémée-Philadelphe. Pendant qu'il était occupé à cette guerre, toutes les provinces orientales de son empire, qui étaient au-delà du Tigre, se révoltèrent, et il les perdit. Théus fit la paix avec Phyladelphe, il épousa Bérénice, sa fille, et répudia Laodice, dont il avait deux fils. Philadelphe étant mort, Antiochus-Théus, répudia Bérénice, et reprit Laodice et ses enfants. Dans la crainte qu'Antiochus retournât encore à Bérénice, et pour assurer la couronne à son fils aîné, Laodice le fit empoisonner.

Séleucus-Callinicus, succéda à Antiochus-Théus, son père, et occupa le trône pendant vingt ans.

Ce prince s'associa au crime de Laodice, qui fit égorger Bérénice et son fils.

Plus tard, Ptolémée-Evergète, roi d'Egypte, vengea la mort de sa sœur Bérénice; il conquit une grande partie des états de Séleucus, prit Laodice et la fit mourir.

Séleucus voulant réduire les villes qui s'étaient révoltées, partit avec une flotte considérable. Elle ne fut pas plus tôt en mer, qu'une horrible tempête la fit toute périr. Séleucus et quelques gens de sa suite échappèrent et se sauvèrent tout nus de ce naufrage.

Les villes d'Asie qui s'étaient révoltées reprirent son parti, il composa une armée pour reprendre le reste, mais elle fut battue par Ptolémée, et Séleucus se sauva avec fort peu de monde.

Cette seconde perte décida Séleucus à réclamer le secours d'Antiochus son frère, surnommé Hiérax, qui veut dire oiseau de proie, et lui promit la souveraineté des provinces de l'Asie-mineure, à la condition de le joindre avec ses troupes, et d'agir de concert avec lui.

Cette ligue des deux frères fit proposer un accommodement à Séleucus, et il y eut une trêve conclue pour dix ans entre lui et Ptolémée.

Antiochus trahit son frère et dirigea ses armes contre lui pour le détrôner. On en vint à une bataille, Séleucus y fut défait. D'autres combats eurent lieu et enfin Antiochus fut poursuivi et chassé de la Mésopotamie. Il se réfugia d'abord chez le roi de Cappadoce, son beau-père, qui résolut de s'en défaire. Il se sauva ensuite en Egypte où Ptolémée le fit arrêter et metire en prison ; il s'évada, et en sortant d'Egypte, il fut assassiné par des voleurs.

Séleucus-Callinicus, tenta de réduire les révoltés de l'Orient, mais il n'y réussit pas, Arsace y avait trop bien établi sa domination. Dans une grande bataille qui se donna, Seleucus y fut non-seulement défait, mais il fut même fait prisonnier. Dès lors Arsace, de gouverneur de la Parthie qu'il était, prit le titre de roi et établit cet empire d'Orient que les Romains ne purent réduire.

Arsace traita Séleucus en roi. Ce prince quelque temps après sa captivité chez les Parthes, y mourut d'une chute de cheval.

Il laissa deux fils et une fille. La fille fut mariée à Mithridate, roi de Pont ; les deux fils étaient Séleucus et Antiochus.

Séleucus étant l'aîné, succéda à son père et prit le surnom de Céraunus ou Foudre. Ce prince, accompagné d'Achéus son cousin, marcha contre Attale, roi de Pergame, qui s'était emparé de toute l'Asie-mineure, mais la faiblesse de son esprit le fit mépriser des soldats; deux officiers conspirèrent contre lui pendant qu'il était en Phrygie, et l'empoisonnèrent. Achéus fit mourir ces deux conspirateurs.

Séleucus étant mort sans enfants, l'armée offrit la couronne à Achéus, mais il la refusa, et la conserva à Antiochus, frère du défunt roi, qui n'avait encore que quatorze ans.

Antiochus monta donc sur le trône et y fut assis pendant trente-six ans. Ses grandes actions lui ont fait donner le surnom de Grand.

Achéus fut chargé des provinces de l'Asie-mineure, et reprit bientôt à Attale ce qu'il avait enlevé à l'empire de Syrie.

Les gouverneurs de la Médie et de la Perse (Molon et Alexandre) s'étant rendus maîtres des provinces qui leur avaient été confiées, des troupes furent envoyées contre eux. D'abord l'un des généraux d'Antiochus, donna au passage du Tigre, dans une embuscade où l'ennemi l'attira par ruse, et il y périt et toute son armée. Cette perte décida Antiochus à se mettre à la tête de ses troupes; il les rassembla, passa l'Euphrate, puis le Tigre, livra bataille à Molon et remporta sur lui une victoire si complète que ce rebelle se tua de désespoir. Alexandre instruit de cette nouvelle, et se voyant sans ressource, tua sa femme, ses enfants et se tua lui-même, pour ne pas tomber entre les mains du vainqueur.

Les soldats de ces rebelles se soumirent au roi, qui leur pardonna leur faute.

Pour récompenser Achéus, le roi lui avait confié le gouvernement de toutes les provinces de l'Asie-mineure. Ce traître, qui cependant avait refusé la couronne après la mort de Séleucus-Céraunus, se fit déclarer roi de ces provinces.

Antiochus se préparait pour lors à tourner ses armes contre Ptolémée-Philopator, roi d'Egypte, pour recouvrer la Célé-Syrie. Il entreprit cette expédition avant d'attaquer Achéus. Il obtint d'abord des succès, mais dans une seconde bataille il perdit le fruit de ses conquêtes; il se retira à Antioche, fit

7*

demander la paix à Ptolémée, qui y consentit aux conditions proposées par Antiochus.

Après cette paix, Antiochus passa le mont Taurus, et entra dans l'Asie-mineure pour la réduire. Il pressa si fort Achéus qu'il fut obligé d'abandonner la campagne et de se renfermer dans Sardes, qu'on prit par ruse. Achéus fut livré à Antiochus par deux traîtres crétois, et il eut aussitôt la tête tranchée. La guerre d'Asie fut ainsi terminée.

Pendant qu'Antiochus était occupé à ces guerres, Arsace, roi des Parthes, lui avait enlevé la Médie. Il marcha vers ce pays qu'il regagna, et suivit Arsace en Hyrcanie où il s'était retiré ; celui-ci assembla une assez forte armée. Après bien des combats, Antiochus voyant qu'il ne pouvait abattre un ennemi si puissant, écouta les propositions qui lui étaient faites. On traita et l'on convint qu'Arsace garderait la Parthie et l'Hyrcanie, à condition qu'il aiderait Antiochus à recouvrer les autres provinces révoltées.

Antiochus, après cette paix, entreprit de reconquérir la Bactriane ; il ne put réussir, et accorda le nom de roi à Euthydème qui s'y était établi. De-là, il passa le mont Caucase, et entra dans l'Inde, où il renouvela l'alliance avec le roi du pays. Enfin il revint par la Perse, la Babylonie et la Mésopotamie, et arriva à Antioche au bout de sept ans d'absence.

Peu de temps après, ayant appris la mort de Ptolémée-Philopator, qui laissait un jeune enfant pour lui succéder, il entra dans la Célé-Syrie et dans la Palestine et s'empara de ces deux provinces. Il forma ensuite le dessein de conquérir l'Asie-mineure, et se mit à la tête d'une puissante armée. Déjà il avait soumis toute la Chersonèse de Thrace, et presque toutes les villes grecques craignaient pour leur liberté, lorsqu'il lui arriva une ambassade de Rome, dont ces villes menacées avaient réclamé la protection. Antiochus reçut parfaitement ces ambassadeurs, mais lorsqu'il les eut entendus, il leur dit qu'il priait les Romains de ne pas plus se mêler des affaires de l'Asie, qu'il ne se mêlait de celles d'Italie. Cette réponse, toute juste qu'elle était, ne convint pas aux ambassadeurs, et ils s'en retournèrent peu satisfaits.

L'année suivante Antiochus se rendit à Éphèse. Pendant son séjour dans cette ville, le grand Annibal vint se mettre sous sa protection. Ce général carthaginois, sur la demande des Romains, avait été obligé de quitter Carthage sa patrie.

L'arrivée d'Annibal fit grand plaisir à Antiochus, et il résolut de faire la guerre contre les Romains. Annibal lui donna le sage conseil de porter la guerre dans l'Italie, lui assurant que nul peuple ne pouvait être supérieur aux Romains, et que l'Italie ne pouvait être vaincue que dans l'Italie même. Antiochus négligea de suivre les avis de ce grand homme et ne lui donna même aucun commandement.

Il commença par entrer dans la Grèce. Il se rendit maître de Chalcis et de toute l'Eubée (connue aujourd'hui sous le nom de Négrepont). Il ne profita pas long-temps de cette conquête. A la suite d'une grande victoire remportée sur lui, les Romains le forcèrent de rendre ce qu'il avait pris, et obligèrent les habitants de se soumettre et d'abandonner Antiochus.

Cependant Annibal ne cessait de faire entendre à Antiochus que les Romains voulaient se rendre maîtres de l'Asie, et il comprit le danger où il était. Il fit mettre toutes les places en état, et se décida à livrer un combat naval. Ce combat se donna près du mont Coryque en Ionie, et ne fut pas heureux pour Antiochus. Son amiral fut battu et obligé de fuir après avoir perdu vingt-trois vaisseaux.

Antiochus fit équiper une nouvelle flotte, et hasarda encore une bataille. Le même amiral la commandait, il fut de nouveau battu. Emilius qui commandait pour les Romains, lui coula à fond vingt-neuf vaisseaux, et lui en prit treize.

Cette nouvelle défaite déconcerta Antiochus, et néanmoins, les Romains étant déjà passés en Asie, il se décida à courir les chances d'une bataille sur terre. Les deux armées se rencontrèrent auprès de Magnésie, ville de Carie; le combat fut sanglant, l'armée d'Antiochus fut défaite, il perdit plus de cinquante mille hommes, et se retira à Sardes avec le peu de troupes qui avaient échappé au carnage. De Sardes il se rendit à Antioche. Il fit demander la paix aux Romains; elle lui fut accordée, à condition qu'il évacuerait toute l'Asie en-deçà du mont Taurus, et qu'il paierait tous les frais de la guerre, de plus qu'il leur livrerait Annibal. Ce général n'attendit pas la conclusion du traité, il quitta la cour d'Antiochus et se réfugia chez Prusias, roi de Bithynie.

Pour pouvoir payer les Romains, Antiochus fit enlever toutes les richesses qui étaient gardées dans le temple de Jupiter-Bélus. Le peuple irrité de ce sacrilège se souleva contre lui, et l'assomma avec toute sa suite.

Séleucus-Philopator, fils aîné d'Antiochus-le-Grand, lui succéda. Ce prince fut empoisonné après avoir régné onze ans. Son règne ne présente rien de mémorable.

Antiochus surnommé Epiphane, frère de Séleucus, fut placé sur le trône.

Ce prince eut plusieurs guerres à soutenir en Egypte sous le règne de Ptolémée-Philométor ; elles ne furent terminées que sur un ordre du sénat de Rome. (Ces faits sont déjà rapportés à la troisième partie de l'histoire d'Egypte).

Epiphane, à son retour de l'Egypte, fit

tomber tout le poids de sa colère sur les Juifs. Il envoya vingt-deux mille hommes dans la Palestine et ordonna de détruire la ville de Jérusalem, ce qui fut exécuté. Peu de temps après, ses chevaux courant avec impétuosité, il tomba de son char; il eut tout le corps fracassé et les membres tout meurtris. Une horrible plaie couvrit son corps dont il sortait des vers, et il termina sa vie par une mort misérable.

Antiochus, surnommé Eupator, âgé de neuf ans seulement, succéda à son père Antiochus-Epiphane. Des querelles s'élevèrent à l'occasion de la régence. Démétrius, fils de Séleucus-Philopator, qui était à Rome depuis la mort de son père, demanda au sénat de le rétablir sur le trône, mais le sénat s'y refusa, préférant qu'il y eut un roi mineur sur le trône de Syrie; et pour confirmer Eupator, il envoya des ambassadeurs en Syrie. Ces ambassadeurs ayant fait brûler les vaisseaux et tuer les éléphants que le roi avait de trop suivant le traité fait avec Antiochus-le-Grand, le peuple fut irrité, et Octavius, l'un des ambassadeurs, fut tué pendant qu'il était au bain.

Démétrius profita du mécontentement des Romains contre Eupator, il s'empara du trône et parvint à se faire reconnaître roi de Syrie par les Romains, qui renouvelèrent les traités faits.

Démétrius, s'abandonnant à une vie oisive et négligeant les devoirs de la royauté, fut supplanté par un nommé Alexandre-Bala, qui se fit passer pour le fils d'Antiochus-Épiphane. Démétrius, pour conserver son trône, assembla des troupes, livra bataille à Alexandre, mais il fut défait, et dans sa retraite son cheval le précipita dans une fondrière, où il fut tué à coups de flèches. Il avait régné douze ans.

Par cette victoire, Alexandre se trouva maître de l'empire de la Syrie. Démétrius, l'aîné des fils de Démétrius, voulut rentrer dans ses droits, il se forma une armée et vint attaquer Alexandre; celui-ci ayant perdu la bataille s'enfuit; ayant été trahi, on lui coupa la tête. il avait été cinq ans sur le trône.

Démétrius étant parvenu à la couronne, prit le surnom de Nicator, qui veut dire le vainqueur. Les Parthes avaient subjugué tous les pays d'Asie, qui sont entre l'Inde et l'Euphrate, il leur fit la guerre, les défit plusieurs fois, mais à la fin, il fut fait prisonnier et toute son armée taillée en pièces.

Le roi des Parthes, envoya Démétrius en Hyrcanie, lui donna sa fille en mariage et eut pour lui beaucoup d'égards.

Cléopâtre, femme de Démétrius, indignée du mariage de son mari, épousa Antiochus, frère de Démétrius, qui prit le titre de roi de Syrie. On lui donna le surnom de Sidète ou le chasseur, à cause de sa passion pour la chasse

Ce prince marcha contre le roi des Parthes, le battit en trois batailles et reprit la Babylonie et la Médie. Toutes les provinces de l'Orient, qui avaient autrefois appartenu à l'empire de Syrie, se soumirent à lui excepté la Parthie à laquelle le roi des Parthes se trouva réduit.

Antiochus avait dispersé ses troupes dans des quartiers d'hiver; les habitants conspirèrent avec les Parthes pour les massacrer toutes en un même jour, et la chose s'exécuta. Antiochus alla secourir les quartiers les plus proches de lui, mais il fut accablé par le nombre, et y périt lui-même.

Cette nouvelle causa une grande consternation à Antioche, et on y pleura en particulier la mort d'Antiochus, qui, par de très-bonnes qualités, avait su se faire aimer de ses sujets.

Démétrius-Nicator, ayant été rendu à la liberté par Phraate, roi des Parthes, il se hâta de passer l'Euphrate et recouvra ses états. Il eut à lutter contre un imposteur nommé Alexandre-Zébina, qui se disait fils d'Alexandre-Bala, et prétendait à la couronne de Syrie. Une bataille s'engagea, Démétrius fut entièrement défait et s'enfuit à Tyr où il fut tué. Après sa mort, Cléopâtre, sa femme, conserva une partie du royaume et Zébina eut tout le reste. Zébina ne se maintint pas long-temps; ayant été surpris pillant le temple de Jupiter, pour fournir aux frais d'une guerre qu'il avait à soutenir, il fut chassé honteusement d'Antioche : il erra de campagne en campagne, à la fin on le prit et on le fit mourir.

Séleucus, fils aîné de Démétrius, monta

sur le trône. Ce prince ne régna qu'un an. Il fut tué par Cléopâtre, sa mère, qui lui enfonça un poignard dans le sein.

Après ce meurtre, Cléopâtre plaça sur le trône son autre fils, nommé Antiochus, auquel on donne le surnom de Grypus, qui est pris de son grand nez. Antiochus-Grypus, voulut gouverner par lui-même. La cruelle Cléopâtre voyant diminuer son pouvoir, résolut de se défaire de son fils : elle empoisonna une coupe qu'elle présenta à Grypus au retour d'un exercice, mais le prince, instruit de la noirceur de sa mère, la pria d'abord poliment de prendre cette coupe elle-même. Cléopâtre s'y refusa long-temps, cependant se voyant découverte, elle avala la coupe. Le poison fit son effet sur le champ, et délivra la Syrie de cette femme monstre.

Antiochus-Grypus ne fut pas paisible sur son trône, il fut inquiété par Antiochus de Cyzique, surnommé le Cyzicénien, son frère de mère. Ces deux frères se firent la guerre et furent tour à tour vainqueurs et vaincus. Ils s'accommodèrent enfin, le Cyzicénien eut la Célé-Syrie et la Phénicie, Grypus eut tout le reste de l'empire et demeura à Antioche. Ce prince fut assassiné par un de ses vassaux, après avoir régné vingt-sept ans. Il laissa cinq fils. Séleucus, l'aîné de tous, lui succéda.

Séleucus fut tourmenté par le Cyzicénien, qui voulait lui enlever son royaume. Il remporta sur lui une grande victoire, le fit prisonnier et lui ôta la vie. Peu de temps après, Antiochus-Eusèbe, fils du Cyzicénien, défit entièrement Séleucus qui se retira dans la Cilicie. Il opprima les habitants qui mirent le feu à la maison où il était, et il y fut brûlé avec tous ceux qui s'y trouvèrent.

Antiochus et Philippe voulurent venger la mort de Séleucus leur frère. Eusèbe les chargea, Antiochus se noya, en voulant passer l'Oronte à la nage sur son cheval, mais Philippe lui livra une grande bataille et le défit. Eusèbe chassé de l'empire se réfugia chez les Parthes.

Deux ans après, Eusèbe reprit à Philippe une partie de ce qu'il avait perdu, et Antiochus-Denys, cinquième fils de Grypus, prit la ville de Damas, s'y établit roi de la Célé-Syrie, et s'y maintint pendant trois ans.

Les Syriens, las des guerres continuelles que se faisaient les princes de la maison de Séleucus, résolurent de leur donner l'exclusion à tous et de se soumettre à un prince étranger; ils donnèrent la couronne à Tigrane, roi d'Arménie, qui en prit possession et la porta dix-huit ans.

Tigrane ayant été obligé d'abandonner la Syrie pour aller défendre son propre pays contre les Romains, Antiochus-l'Asiatique, fils d'Eusèbe, profita de son absence pour s'emparer d'une partie de la Syrie. Tigrane fut vaincu par Pompée, général romain; ce général lui laissa l'Arménie, mais il réduisit la Syrie en province de l'empire romain, dès lors Antiochus fut contraint de vivre en simple particulier.

C'est en lui que finit l'empire des Séleucides en Asie, qui avait duré près de deux cent cinquante ans.

Les Romains conservèrent pendant plusieurs siècles toutes les provinces dépendantes de la Perse et de la Syrie. Après eux, ces pays furent souvent agités par des guerres et des révolutions.

Le royaume de Perse se divise aujourd'hui en quatorze provinces ; il est gouverné par un souverain, et Ispahan en est la capitale. La Syrie que l'on nomme aujourd'hui Sourie, fait partie de la Turquie d'Asie, elle comprend ce qu'on appelait anciennement la Syrie, la Phénicie et la Palestine ou Terre Sainte. La ville principale est Alep, seconde ville de l'empire Ottoman et le centre du commerce entre la Méditerranée et les Indes.

COUTUMES DES PERSES ET DU GOUVERNEMENT.

Les Perses élevaient leurs enfants avec beaucoup de soin, leur éducation était regardée comme le devoir le plus important, et la partie la plus essentielle du gouvernement. Pour les accoutumer de bonne heure à la tempérance et à la sobriété, on ne leur donnait pour nourriture que du pain, du cresson et de l'eau.

Dans les écoles, on formait les enfants à la vertu, à la justice et à la reconnaissance. On les formait aussi aux exercices militaires, à lancer le javelot, à tirer de l'arc. Le crime qui était puni le plus sévèrement était l'ingratitude.

Le gouvernement était monarchique, les peuples rendaient de grands honneurs au prince régnant, et ce prince se faisait appeler le grand roi, le roi des rois, parce que son empire était formé de plusieurs royaumes, et qu'ils avait à sa cour ou dans sa dépendance, plusieurs rois pour vassaux.

La royauté passait des pères aux fils et toujours à l'aîné. L'autorité des rois était absolue, cependant elle était retenue dans de certaines bornes par un conseil composé de sept des principaux seigneurs plus recommandables encore par leur habileté et leur sagesse que par leur naissance. Un des premiers soins des rois de Perse était de faire fleurir l'agriculture qu'ils regardaient comme la source de l'abondance et des richesses.

Les Perses conservèrent leurs mœurs et leurs coutumes pendant de longues années, mais après le règne d'Artaxerce Longue-main, les rois s'abandonnèrent à la volupté et au luxe; la frugalité disparut, et l'éducation des enfants fut négligée. Les premières charges de la couronne, le gouvernement des provinces, les commandements des armées étaient alors donnés à des gens sans service et sans mérite : c'était le crédit des favoris, les intrigues, les sollicitations des femmes du palais, qui décidaient du choix des sujets pour remplir les plus importantes places de l'empire.

Toutes ces causes produisirent la ruine de l'empire des Perses.

ADMINISTRATION DE LA JUSTICE.

Les rois de Perses vaient grand soin que la justice fut administrée avec beaucoup d'intégrité et de désintéressement. Un des juges s'étant laissé corrompre par des présents fut impitoyablement condamné à mort. Sa peau fut mise sur le siège où se juge inique avait coutume de prononcer ses jugements, et où son fils, qui succédait à sa charge devait s'asseoir, afin que le lieu même où il jugerait, l'avertit continuellement de son devoir.

L'exercice de la judicature n'était confié qu'à des personnes âgées au moins de cinquante ans. Il n'était permis ni aux particuliers de faire mourir un esclave, ni au prince d'infliger la peine de mort contre aucun de ses sujets pour une première et unique faute.

Jamais un coupable n'était condamné sans lui avoir confronté ses accusateurs, et sans lui avoir donné le temps et fourni tous les moyens de se justifier. Si l'accusé se trouvait innocent, le délateur était condamné aux mêmes peines qu'il voulait lui faire souffrir.

Les Perses n'étaient pas seulement ennemis de l'injustice, ils avaient encore en horreur le mensonge, qui passa toujours chez eux pour un vice bas et infamant.

DE LA GUERRE.

Les Perses se sont maintenus pendant longtemps dans la réputation d'être très-propres à la guerre. La situation de leur pays, fort rude et plein de montagnes, avait pu contribuer à en former de bons soldats, mais la bonne éducation qu'on donnait aux jeunes gens, était la principale cause du courage et de l'esprit belliqueux de cette nation.

Ils servaient ordinairement depuis vingt ans

8

jusqu'à cinquante. Ils étaient obligés de s'enrôler au temps marqué, et c'était un crime que de demander dispense sur ce sujet.

Il y avait un corps de troupes de dix mille hommes destinés à la garde du prince, qu'on appelait les *immortels*, parce que le nombre de ceux qui composaient ce corps était toujours complet. Ils étaient distingués de tous les autres par leur armure superbe, et encore plus par leur courage.

Les armes en usage chez les Perses étaient la demi-pique, le sabre ou l'épée, les javelots, l'arc et la fronde.

Les anciens avaient quatre différentes manières d'attaquer les places. La première fut le blocus, la seconde était l'escalade, la troisième fut l'invention et l'usage des béliers pour battre les murs et y faire des brèches. Le bélier était une grosse poutre de bois, armée par le bout d'un bec de fer ou d'airain, que l'on poussait avec violence contre les murs. Le quatrième moyen était la sape, ou la mine.

RELIGION.

La grande divinité des Perses était le soleil

qu'ils adoraient avec un profond respect, et surtout le soleil levant. Ils lui consacraient un char magnifique, avec des chevaux de grand prix. Ce dieu était fort connu chez eux, sous le nom de Mithra. Ils honoraient aussi le feu d'une manière particulière, l'invoquant toujours le premier dans les sacrifices. Les Mages seuls avaient la garde de ce feu sacré, qu'ils prétendaient être descendu du ciel, et on aurait regardé comme un grand malheur si on l'avait laissé éteindre. Ils honoraient encore l'eau, la terre et les vents, comme autant de divinités.

Enfin les Perses avaient deux autres dieux d'une espèce particulière, savoir : Orosmane et Arimane ; le premier était regardé comme l'auteur des biens qui leur arrivaient, et l'autre comme l'auteur des maux dont ils étaient affligés.

Les Perses n'érigeaient ni statues, ni temples, ni autels à leurs dieux, et offraient leurs sacrifices en plein air, et presque toujours sur des hauteurs et des montagnes.

Les Mages, dans la Perse, étaient dépositaires de toutes les cérémonies du culte divin, et c'était à eux que le peuple s'adressait pour en être instruit, et pour savoir à quels dieux, quels jours, et de quelle manière il convenait de faire des sacrifices. Ils étaient les sages, les savants, les philosophes de la Perse.

Ce n'était pas la coutume dans l'Orient, et surtout chez les Perses, de parfumer les corps morts, comme faisaient les Egyptiens, pour les conserver plus long-temps. Ils ne les brûlaient pas non plus comme faisaient les Romains; ils les inhumaient et les rendaient à la terre.

GRECS.

Les Grecs tiraient leur origine de Javan, fils de Japhet, et petit-fils de Noé. Les premiers habitants de la Grèce étaient comme des sauvages qui n'avaient point d'autres lois que la force, qui ignoraient l'agriculture et broutaient l'herbe à la manière des bêtes.

Les Grecs furent civilisés par les Egyptiens et les Phéniciens.

Les parties de la Grèce ancienne, étaient : l'Epire, la Macédoine, la Thessalie, le Péloponèse, nommé maintenant la Morée, qui comprenait l'Achaïe, l'Elide, la Messénie, l'Arcadie, la Laconie, dont la capitale était Sparte ou Lacédémone, aujourd'hui Misitra, et l'Argolide, dont la capitale était Argos.

La Grèce, proprement dite, comprenait l'Etolie, la Doride, les Locres-Ozoliens, la Phocide, aujourd'hui la Livadie, où était le mont Parnasse, la Béotie, dont la ville principale était Thèbes, aujourd'hui Tives, l'Attique, dont la capitale était la célèbre Athènes, qui n'est plus aujourd'hui qu'une assez petite ville, qu'on nomme Sétines.

Les îles les plus adjacentes de la Grèce, celles qui sont les plus connues dans l'histoire et dans lesquelles les Grecs avaient des colonies, sont : dans la mer Ionienne, Corcyre, aujourd'hui Corfou, Ithaque, patrie d'Ulysse, Cythère, vis-à-vis la Laconie. Dans le golfe Salonique, Salamine, si fameuse par le combat naval entre Xerxès, fils de Darius, roi des Perses et les Grecs. Entre la Grèce et l'Asie-mineure, les Cyclades dont, de Paros, l'une d'elles, l'on tirait le plus beau marbre. Dans la mer Egée, l'Eubée maintenant Négrepont, Chios ou Scios, vantée pour son vin excellent, Samos. L'île de Crète ou de Candie, célèbre par les lois qu'y donna Minos II.

Les Grecs se répandirent dans l'Asie-mineure et surtout dans l'Eonie, l'Ionie et la Doride, et y bâtirent Phocée, Ephèse, Milet. Ils s'établirent aussi dans la Sicile, à Syracuse, à Messine, à Panorme, aujourd'hui Palerme. Ils fondèrent encore des établissements à Tarente, à Naples, à Sybaris, à Crotone en Italie : cette partie de l'Italie était appelée la grande Grèce. Les Phocéens fondèrent Marseille, dans la Gaule.

De tous les états de la Grèce, Argos, Sparte, Athènes, Thèbes et la Macédoine, furent les plus célèbres.

Argos, dans le Péloponèse fut fondée par Inachus, 1856 ans avant Jésus-Christ, et 1080 ans avant la première olympiade, du temps d'Abraham. Environ quatre cents ans après, Gélanor fut dépouillé et chassé du royaume par Danaüs, égyptien. Parmi les successeurs de Danaüs, on remarque Acrisius, qui eut pour fille Danaé, mère de Persée, qui ayant tué par malheur son grand-père Acrisius, et ne pouvant plus soutenir la vue d'Argos, transporta le siège de son royaume à Mycènes.

Persée eut pour fils Alcée, qui fut père d'Amphytrion ; celui-ci épousa Alcmène, de laquelle naquit Hercule.

Les rois qui régnèrent à Mycènes après Persée furent Electrion, Sthénélus ses fils et Eurysthée son petit-fils. Atrée, fils de Pélops, oncle maternel d'Eurysthée, lui succéda. La couronne passa ainsi aux descendants de Pélops, qui donnèrent leur nom au Péloponèse.

Agamemnon, petit-fils d'Atrée, monta sur le trône ; ce roi fut le chef des rois Grecs qui détruisirent la ville de Troie.

Oreste, fils d'Agamemnon succéda à son père, il tua sa mère Clytemnestre pour venger la mort de son père. Les fils d'Oreste régnèrent après lui, mais quatre-vingts ans après la guerre de Troie, ils furent chassés par les Héraclides ou descendants d'Hercule, qui s'emparèrent d'Argos et de la plus grande partie du Péloponèse.

SPARTE ou LACÉDÉMONE.

Lélex fut le premier roi de Sparte. Ménélas s'étant marié avec Hélène, sœur de Castor et Pollux qui étaient morts, devint ainsi roi de Sparte. Pâris, fils de Priam, roi de Troie, ayant enlevé Hélène, une haine violente s'alluma entre les Grecs et les Troyens, les rois Grecs, dont Agamemnon était le chef, assiégèrent Troie pendant dix ans et la détruisirent.

Ménélas passa en Egypte chez le roi Protée, qui lui rendit Hélène avec toutes ses richesses. Ce prince avait retenu Hélène et chassé Pâris lorsqu'il arriva dans ses états.

Cent ans après le règne de Ménélas, Sparte tomba au pouvoir des Doriens, qui furent gouvernés par deux rois de la famille des Héraclides.

Environ 800 ans avant Jésus-Christ, la plupart des villes grecques abolirent la royauté et s'érigèrent en république, mais Sparte conserva toujours deux rois.

GOUVERNEMENT DE LACÉDÉMONE.

Le gouvernement de Lacédémone est sans

contredit celui qui, des temps anciens, présente le caractère le plus incroyable de sagesse, d'ordre et de discipline, que Lycurgue y avait établis.

L'autorité des rois étant méprisée, et celle des lois encore davantage, Lycurgue, fils d'Eunomus, l'un des deux rois qui régnaient à Sparte, aurait pu monter sur le trône après la mort de son frère aîné, qui n'avait point laissé d'enfant mâle, mais il préféra conserver la couronne au jeune fils de sa belle-sœur, et créer à Sparte une forme de gouvernément toute nouvelle.

Ce sage législateur alla visiter l'île de Crète où Minos avait établi des lois dures et austères; il passa de là en Asie, où régnait une conduite toute opposée. Il se rendit ensuite en Egypte, pays de la science, de la sagesse et des bons conseils.

De retour à Sparte, il commença son grand ouvrage en établissant un corps de vingt-huit sénateurs, qui tempéraient la puissance des rois par une autorité égale à la leur, et le pouvoir trop absolu du peuple.

En second lieu, pour bannir le luxe, l'ava-

8*

rice, les dissensions, la misère et les grandes richesses, il persuada à tous les citoyens de mettre leurs terres en commun et d'en faire un partage égal, ce qui fut aussitôt exécuté. Il proscrivit les monnaies d'or et d'argent, qu'il remplaça par une lourde monnaie de fer, et interdit tous les arts inutiles et superflus, laissant aux Ilotes, esclaves des Spartiates, les travaux de la terre et l'exercice des métiers.

Pour faire disparaître totalement la mollesse et le luxe, il ordonna aux Spartiates de prendre leurs repas en commun, et défendit expressément aux particuliers de manger chez eux. Quand un jeune homme entrait dans la salle du repas public, on lui disait en lui montrant la porte : « Rien de tout ce qui se dit ici, ne sort par là ».

La frugale simplicité qui régnait dans tous les repas, produisit l'effet que Lycurgue s'était promis, et les Spartiates étaient tous sobres et robustes.

ÉDUCATION DES SPARTIATES.

Lycurgue fit de l'éducation des enfants l'affaire la plus grande et la plus importante de la république; il en confia le soin aux magistrats. On les accoutumait de bonne heure à s'endurcir contre le froid et le chaud, à se faire à la fatigue, à supporter la faim, la soif, à n'avoir pas de mauvaise humeur, à n'être point délicats pour le manger, à être soumis aux maîtres. On les accoutumait aussi au secret, et ils étaient formés dans une exacte et sévère discipline. Une des leçons qu'on inculquait le plus souvent et le plus fortement aux jeunes Spartiates, était d'avoir un grand respect pour les vieillards, ce qui fit dire qu'il était beau de vieillir à Sparte.

Les sciences étaient bannies de Sparte. L'étude des jeunes gens ne tendait qu'à savoir obéir, à supporter les travaux et à vaincre dans les combats ou mourir. Tout à Sparte respirait les armes, et l'unique occupation des Spartiates était la guerre et la défense de leur patrie.

CARACTÈRE DES LACÉDÉMONIENS.

Les Lacédémoniens étaient laborieux, durs à eux-mêmes, d'une force et d'un courage qui n'avaient point d'égal. Leur manière de vivre réglée et frugale les rendait fermes et inébranlables dans leurs résolutions, mais leur vie trop sérieuse leur donnait un esprit fier et un caractère austère et impérieux. De là naturellement ils voulaient primer; la gloire et l'envie de dominer était leur passion favorite. Les femmes elles-mêmes avaient l'amour de la gloire et de la patrie. Une mère recommanda un jour à son fils qui partait pour une campagne, de revenir avec son bouclier ou sur son bouclier. Une autre apprenant que son fils était mort dans le combat, répondit froidement : « Je ne l'avais mis au monde que pour cela. » Une autre, dont le fils avait reçu une blessure qui le rendait boiteux, lui dit pour le consoler : « Va, mon fils, tu ne saurais plus faire un pas qui ne te fasse souvenir de ta valeur.

Les Lacédémoniens n'allaient au combat qu'après avoir invoqué le secours des dieux par des sacrifices et des prières publiques, et ceux qui avaient pris la fuite étaient diffamés pour toujours.

MORT DE LYCURGUE.

Lycurgue, satisfait des lois qu'il avait établies à Sparte, désirait les rendre immortelles et immuables. Il prétexta un voyage et fit jurer au peuple qu'il les maintiendrait jusqu'à son retour. Arrivé à Delphes, il consulta le dieu pour savoir si ses lois étaient bonnes et suffisantes pour rendre les Spartiates heureux et vertueux. L'oracle lui ayant répondu qu'il n'y manquait rien, il crut son ministère consommé, et il mourut en s'abstenant de manger.

Cent trente ans après sa mort, les Spartiates trouvant l'autorité du sénat trop forte et trop absolue, confièrent à cinq magistrats annuels, appelés Ephores, une autorité supérieure à celle des rois eux-mêmes.

Les Spartiates conservèrent avec fidélité les lois de Lycurgue, pendant plus de cinq cents ans.

HISTOIRE DES SPARTIATES.

Sparte vécut long-temps en bonne intelligence avec toutes les autres villes de la Grèce, particulièrement avec Athènes ; aussi les

Spartiates soutinrent-ils les intérêts des Athéniens jusqu'à ce que des dissensions survenues entre eux par suite de la jalousie, les brouillassent et leur fissent faire la guerre pendant beaucoup d'années. Cette guerre, nommée guerre du Péloponèse, sera rapportée séparément après l'histoire des Grecs.

Les Spartiates réunis aux autres Grecs contre les Perses qui voulaient envahir leurs états par suite de l'incendie de Sardes, se signalèrent dans plusieurs circonstances. Sous le règne de Xerxès, successeur de Darius, roi de Perse, qui vint attaquer la Grèce avec une armée de plus de deux millions d'hommes, Léonidas, roi de Sparte, avec trois cents Spartiates, l'arrêta pendant plusieurs jours au défilé des Thermopyles, et préféra mourir ainsi que ses trois cents soldats, plutôt que d'abandonner le poste qui lui avait été confié. (Ce trait d'histoire est rapporté plus au long à l'histoire de la Perse, sous le règne de Xerxès).

Ce courage extraordinaire s'accorde parfaitement avec la réponse que Démarate fit à Xerxès lorsqu'il lui demanda s'il croyait que

les Grecs osassent l'attendre. Ce Démarate était un des deux rois de Lacédémone que ses ennemis avaient forcé de s'exiler et qui s'était réfugié en Perse, où il était comblé de biens et d'honneurs. Voici la réponse qu'il fit à Xerxès : « Puisque vous m'ordonnez de
» m'expliquer, la vérité va vous parler par ma
» bouche. Pour ne vous parler que de mes
» Lacédémoniens, soyez sûr que, nés et nour-
» ris dans la liberté, ils ne prêteront jamais
» l'oreille à aucun accommodement qui tende
» à la servitude, fussent-ils abandonnés par
» tous les autres Grecs, et réduits à une
» troupe de mille soldats, ou à un nombre
» encore moindre, ils viendront au-devant
» de vous, et ne vous refuseront point le
» combat. »

Le roi rit de ce discours, mais l'évènement justifia la prédiction de Démarate.

Quelque temps après le combat des Thermopyles, les Perses furent vaincus par les Athéniens dans le détroit de Salamine, et Mardonius, qui était resté en Grèce avec une armée de trois cent mille hommes, après avoir ravagé Athènes, se retira du côté de la Béotie. Les Lacédémoniens et les Athéniens l'y suivirent avec une armée de soixante mille hommes sous la conduite de Pausanias, roi de Lacédémone. Une bataille s'engagea auprès de Platée, malgré la supériorité des troupes du général persan, son armée fut taillée en pièces et presque toute détruite. Cette célèbre victoire engagea les Grecs à envoyer une flotte pour délivrer leurs alliés du joug des Perses. Elle était commandée par Pausanias, pour les Lacédémoniens. Cette expédition perdit ce roi de Sparte, il trahit sa patrie en faisant à Xerxès des propositions indignes d'un Spartiate; il fut rappelé par l'ordre des Ephores et condamné à mort. (Voir l'histoire de Xerxès).

De cette époque le commandement de la Grèce fut déféré aux Athéniens par les différents peuples grecs.

Sous le règne d'Artaxerce Mnémon, roi de Perse, Agésilas, roi de Sparte, porta la guerre en Asie; déjà ses armes victorieuses faisaient trembler les provinces de la haute Asie, lorsqu'il fut rappelé pour venir défendre sa patrie attaquée par une ligue des Grecs.

Cette ligue avait été excitée par un gouverneur du roi de Perse, qui n'eut aucune peine à y faire entrer Thèbes, Argos, Corinthe et Athènes, connaissant la jalousie de ces villes contre Sparte.

THÈBES.

La ville de Thèbes, capitale de la Béotie, dans la Grèce, fut fondée par Cadmus, originaire de la Phénicie. Ce phénicien apporta en Europe les lettres de l'alphabet. Laïus, OEdipe, Étéocle, sont ensuite les rois les plus célèbres. Thèbes s'est rendue fameuse par ses grands guerriers et par les différentes révolutions qu'elle a éprouvées. Cette ville soutint des guerres contre Sparte et Athènes, et son histoire est en grande partie mêlée à celle de ces peuples. Plus tard elle eut à lutter contre Philippe, roi de Macédoine, et contre Alexandre-le-Grand, qui la prit, la pilla et la rasa.

On la connaît aujourd'hui sous le nom de Thiva ou Stives.

CORINTHE.

Corinthe était la ville capitale d'une ancienne et fameuse république de la Grèce et de l'Achaïe. Cette ville a produit un grand nombre d'hommes célèbres dans la peinture, la sculpture et l'architecture. Elle est située à l'entrée de l'isthme de son nom. Ce n'est aujourd'hui qu'une ville fort médiocre, mais bien fortifiée. Les Turcs l'appellent Gérème. C'est aux habitants de cette ville que Saint Paul adresse ses deux épîtres aux Corinthiens. Cette ville eut des guerres avec Sparte et Athènes et fut détruite par Mummius, consul romain, la même année que Carthage fut prise et détruite par les Romains, neuf cent cinquante-deux ans depuis qu'elle eut été fondée par Alétès, fils d'Hippotès, le sixième des descendants d'Hercule.

La ligue formée contre Sparte contraignit Agésilas de combattre contre les Thébains et leurs alliés, et il remporta sur eux une grande victoire à Coronée, ville de Béotie.

Quelques années après, les Spartiates pour se venger et humilier surtout Athènes, dont Conon avait relevé la puissance, firent la paix avec le roi de Perse et lui abandonnèrent toutes les villes grecques de l'Asie. Ce traité honteux fut signé par Antalcidas, Lacédémonien. (Ce trait d'histoire est rapporté plus au long au règne d'Artaxerce-Mnémon, roi de Perse).

Sparte avait considérablement étendu sa domination soit par force, soit par amitié. Elle tenait Argos dans sa dépendance, Corinthe lui était entièrement dévouée, Athènes ne pouvait lui tenir tête, et elle était maîtresse de Thèbes, qui lui avait été livrée par un traître nommé Léontide, général Thébain. L'occupation de la citadelle de Thèbes occasionna de grands malheurs aux Spartiates et leur fit perdre leur puissance. Deux illustres Thébains, Pélopidas et Epaminondas furent les chefs qui portèrent à Sparte les coups les plus terribles.

Lorsque le traître Léontide livra aux Lacédémoniens la citadelle de Thèbes, Pélopidas, avec quatre cents citoyens, sortit de la ville et se retira à Athènes, Epaminondas demeura tranquille à Thèbes. Pélopidas après quelque séjour à Athènes, ayant assemblé tous les bannis, leur représenta qu'il fallait tout hasarder pour rendre à Thèbes sa première liberté. Cet avis fut accueilli avec joie; ils envoyèrent à Thèbes prévenir leurs amis de la résolution qu'ils avaient prise, ils partent sur-le-champ et arrivent dans la ville pendant la nuit; Ils entrent l'épée à la main chez les magistrats qui étaient plongés dans la débauche et pleins de vin, et les égorgent sans peine. Pélopidas trouva Léontide couché et endormi, mais au bruit il se réveilla, sauta de son lit, s'arma de son épée et néanmoins il fut égorgé.

Le lendemain matin le peuple fut convoqué, Epaminondas conduisit Pélopidas et sa troupe, et lorsque l'assemblée connut les projets de Pélopidas, il fut reçu avec des applaudissements et nommé sur le champ gouverneur de la Béotie. Tous les bannis de Thèbes revinrent et furent suivis d'une troupe de cinq mille fantassins et de cinq cents cavaliers que les Athéniens envoyèrent à Pélopidas. Pélopidas se hâta de s'emparer de la citadelle et il en était maître lorsque les Lacédémoniens arrivèrent pour porter des secours. La ville de Thèbes fut ainsi délivrée.

Pour se venger de Pélopidas, les Lacédémoniens envoyèrent le roi Cléombrote à la tête d'un armée dans la Béotie. Ils furent défaits près de Tégyre et mis en fuite. Cependant des propositions de paix furent faites par tous les peuples de la Grèce, Epaminondas était un des députés; une discussion s'engagea entre lui et Agésilas, celui-ci rompit avec les Thébains et dès lors la guerre fut résolue contre Thèbes. Les Thébains nommèrent général Epaminondas : ce commandant assemble ses troupes, se met en marche et joint les ennemis à Leuctres, petit bourg de la Béotie. Un combat opiniâtre s'engage, le roi Cléombrote tombe mort, et les Lacédémoniens sont mis en fuite. Après cette victoire, Epaminondas, de concert avec Pélopidas, entra dans la Laconie qui fut ravagée et pillée. Il réunit ensuite toute l'Arcadie en un seul corps et ôta la Messénie aux Spartiates, à laquelle ils avaient plusieurs fois fait la guerre et qu'ils tenaient en servitude.

Malgré leurs grandes actions, Pélopidas et Epaminondas, furent accusés d'avoir retenu le commandement au-delà du terme ordinaire, ils furent traduits devant le tribunal, mais ils furent absous.

Les Lacédémoniens, inquiets des succès d'Epaminondas, implorèrent le secours des Athéniens, qui consentirent à les protéger de toutes leurs forces.

Cette ligue décida Pélopidas à se rendre à la cour d'Artaxerce-Mnémon, roi de Perse, pour lui demander sa protection contre Sparte et Athènes, ennemies de la Perse. Pélopidas obtint ce qu'il souhaitait, les Thébains furent déclarés amis et alliés du roi, et Messine demeura définitivement libre et affranchie du joug de Lacédémone. A son retour, Pélopidas fut chargé d'une expédition dans la Thessalie, contre Alexandre, tyran de Phères, qui voulait mettre sous sa domination les peuples de ce pays; il le réduisit promptement, et passa en Macédoine où on l'appelait. Il rétablit en peu de temps la bonne intelligence entre les princes et fit revenir tous les bannis. Alexandre ayant enfreint le traité conclu avec Pélopidas, ce général thébain fut envoyé comme ambassadeur vers ce tyran qui le fit mettre en prison. Cette infâme conduite irrita à tel point les Thébains qu'ils envoyèrent sur le champ une armée en Thessalie, sous le commandement d'Epaminondas. Ce général ne voulut accorder ni paix ni alliance à Alexandre, il retira de ses mains Pélopidas, et consentit seulement à une trêve. Cependant Alexandre ruinait plusieurs villes de Thessalie ; des troupes furent envoyées contre lui sous le commandement de Pélopidas, une action s'engagea, mais Pélopidas dans son ardeur s'emporta, il courut sur Alexandre et il fut tué avant de parvenir à lui. Telle fut la fin de ce célèbre Thébain, qui, par sa valeur, trouva une mort prématurée. Il fut généralement regretté. Peu de temps après, Alexandre fut assassiné par sa femme et ses trois frères.

Les Lacédémoniens et les Athéniens, jaloux de la prospérité des Thébains, se réunirent aux autres peuples de la Grèce pour les combattre. Epaminondas eut le commandement du côté des Thébains et Agésilas était à la tête des Lacédémoniens. Epaminondas s'avance avec ses troupes et s'empare d'une partie de la ville de Sparte, Agésilas s'empresse de venir au secours de sa patrie, et, combattant en désespéré, il arracha la ville des mains d'Epaminondas. Sans perdre de temps, Epaminondas se dirige en Arcadie où les Lacédémoniens et les Athéniens le suivent de près, il se détermine à livrer bataille, il est vainqueur et maître du champ de bataille, mais blessé dans l'action il ne survit que quelques instants à sa victoire. Cette bataille eut lieu près de Mantinée.

Epaminondas, avait renversé la domination de cette fière et superbe Sparte, mais avec lui, périt la gloire des Thébains.

Dans le cours de cette même année, Agésilas passa en Egypte avec un corps de troupes pour secourir le roi Tachos, qui était menacé par Artaxerce-Mnémon, roi de Perse. Agésilas n'ayant pas été nommé généralissime des troupes, desservit Tachos, le força de sortir de l'Egypte et de laisser la couronne à Nectanébus. Quelque temps après, s'étant mis en mer pour retourner à Lacédémone, son vaisseau fut poussé sur la côte d'Afrique, vers le port de Ménélas, où il tomba malade et mourut, âgé de quatre-vingt-quatre ans, après un règne de quarante-un ans. Son corps fut transporté à Sparte. Ce prince jouit pendant beaucoup d'années de la réputation d'un grand capitaine et fut regardé comme le chef et le roi de presque toute la Grèce.

Sous le règne de Philippe, roi de Macédoine, les Lacédémoniens soutenus par les Athéniens, dispersèrent une ligue formée contre eux par les Macédoniens, les Thébains, les Messéniens et les Argiens.

Sous le règne d'Alexandre-le-Grand, fils de Philippe, qui s'était rendu maître de la Grèce, les Lacédémoniens voulurent secouer le joug de la Macédoine et attirèrent dans leur parti presque tout le Péloponèse. Antipater, gouverneur de la Macédoine pour Alexandre, marcha contre eux ; après une longue résistance, ils prirent la fuite. Agis, roi de Lacédémone, combattit courageusement et mourut les armes à la main.

Pyrrhus, roi d'Epire, inquiéta fort les Lacédémoniens. Ce prince, conduit par Cléonyme, Spartiate, qui prétendait avoir été privé du trône, arriva devant Sparte, avec une armée de vingt-cinq mille hommes. Les Lacédémoniens défendirent leur ville avec beaucoup de courage et d'ardeur et empêchèrent Pyrrhus de s'en rendre maître. Ils eurent plusieurs combats à soutenir dans lesquels ils perdirent une grande quantité, d'hommes, entr'autres Evaleus, général de la cavalerie, qui fut tué par Pyrrhus. Ce roi voulut prendre Argos, mais il ne réussit pas et se retira. Pendant sa retraite il trouva la mort.

Les Spartiates conservèrent les mœurs que Lycurgue avait introduites parmi eux, jusqu'à la ruine du gouvernement d'Athènes. Dès cet instant, l'or et l'argent s'étant répandus dans la ville, l'avarice, le luxe, la mollesse et la volupté remplacèrent l'ancienne austérité des habitants; Sparte perdit sa gloire, sa puissance et fut réduite dans un état d'humiliation et de bassesse. Cependant Agis, sixième descendant du fameux Agésilas, et Cléomène, fils de Léonide, firent revivre les lois du sage Lycurgue, et donnèrent les premiers l'exemple pour le partage des propriétés en abandonnant celles qu'ils possédaient; dès lors tous les vices disparurent, et on vit renaître la tempérance, la modestie et toutes les autres vertus.

Vers le même temps, les Achéens, dont la petite république se composait de douze villes renfermées dans le Péloponèse, et qui étaient soumis aux Macédoniens ou opprimés par des tyrans, formèrent une ligue pour délivrer leur patrie. Aratus fut nommé général, il ravagea la Locride, s'empara de la citadelle de Corinthe, et par ses succès il engagea plusieurs peuples voisins à se réunir à lui. Les Lacédémoniens mécontents des dégâts que les Achéens faisaient dans l'Arcadie, se mirent en campagne sous la conduite de Cléomène leur roi. Aratus, effrayé, ne voulut pas livrer de combat et se retira. Cléomène suivit les Achéens et les contraignit d'en venir au combat, où il remporta sur eux une grande victoire. La paix allait être conclue et Cléomène nommé généralissime de la ligue Achéenne, lorsqu'un évènement imprévu fit rompre la négociation. Cléomène alors continua d'aller en avant et s'empara d'Argos et de Corinthe. Antigone-Doson, roi de Macédoine, se réunit aux Achéens, et ils s'avancèrent vers la Laconie. Les deux armées s'étant rencontrées au défilé de Sélasie, les Lacédémoniens furent enfoncés et mis en déroute ; il ne resta autour de Cléomène, que quelques cavaliers avec lesquels il se retira à Sparte. Ce roi s'embarqua sur le champ et fit voile vers l'Egypte. Deux ans après, ayant appris la mort d'Antigone et que les Lacédémoniens s'étaient unis avec les Etoliens contre les Achéens et les Macédoniens, il supplia le roi d'Egypte de lui donner des troupes et des munitions suffisantes pour s'en retourner. N'ayant pu obtenir cette grâce, il se réunit à plusieurs de ses amis et coururent les armes à la main, dans toutes les rues; ils tuèrent le gouverneur et quelques seigneurs, et s'entrégorgèrent ensuite les uns les autres. Ainsi finit Cléomène, après avoir régné seize ans à Sparte.

Après la mort de Cléomène, les Spartiates procédèrent à l'élection des rois et nommèrent d'abord Agésipolis, encore enfant, auquel on donna pour tuteur Cléomène, son oncle, et ensuite Lycurgue, descendant du célèbre législateur.

Philippe, fils de Démétrius, petit-fils d'Antigone, avait été désigné par son grand-père, pour monter sur le trône de Macédoine. Ce prince fit la paix avec les Achéens et prit le parti des Carthaginois qui étaient en guerre avec les Romains. Il suivit long-temps les avis d'Aratus, et, par ses conseils, il s'était fait une grande réputation, mais gagné par les flatteurs de sa cour, il le fit empoisonner d'un poison lent. Aratus connut fort bien la cause de son mal : un jour crachant du sang en présence d'un ami qui en parut surpris, il lui dit : « voilà mon cher, le fruit de l'amitié des rois. » Il mourut lorsqu'il était capitaine-général pour la dix-septième fois.

Philopémen, jeune homme de Mégalopolis, ville de l'Arcadie dans le Péloponèse, succéda à Aratus, et fut nommé général des Achéens. Encore tout jeune il s'était distingué dans la bataille de Sélasie et il dut son élévation à sa prudence et à son courage.

Les Romains, pour diminuer les forces de Philippe et lui ôter les moyens de secourir les Carthaginois, firent une ligue avec plusieurs rois grecs, dans laquelle entrèrent Attale, roi de Pergame, et les Lacédémoniens. Machanidas, régnait alors à Sparte et en était le tyran. Philippe avec ses troupes et les Achéens, battit deux fois les Lacédémoniens, et fu[t] ensuite battu et mis en déroute.

Philopémen, revêtu de la première charg[e] de la république des Achéens, visita toute[s] les villes et leva des troupes qu'il assembl[a] auprès de Mantinée, ville d'Arcadie, dans l[e] Péloponèse : ayant appris que Machanida[s] voulait assujettir tout le Péloponèse, et qu'i[l] était arrivé sur les terres de Mantinée, il lu[i] livra bataille, le combat fut rude et Philopé[-]men ayant reconnu Machanidas à son man[-]teau de pourpre et aux harnois de son cheval[,] le poursuivit, le perça de sa javeline et le ren[-]versa mort dans un fossé. Dans cette bataille les Lacédémoniens perdirent beaucoup d'hom[-]mes. Machanidas eut pour successeur Nabis encore pire que lui, et les Spartiates ne firen[t] aucun effort pour secouer le joug de l'escla[-]vage.

Nabis, commença sa tyrannie par chasse[r] de Sparte les plus distingués en richesses [et] en naissance et il donna leurs biens et leur[s] femmes à tous ses partisans.

La guerre continuait entre Philippe et le[s] Romains ; ceux-ci s'assurèrent de l'alliance d[e]

Nabis, mais lorsque la paix fut faite avec Philippe, les Romains, instruits de la tyrannie de Nabis, qui voulait asservir la Grèce, tournèrent leurs armes contre Sparte. Les Lacédémoniens soutinrent pendant quelque temps le choc de l'ennemi, mais il leur fallut abandonner Argos, rendre les prisonniers et les transfuges et payer tout l'argent qu'on exigeait ; à ces conditions la paix fut accordée à Nabis. Cependant ce tyran enfreignit le traité en mettant le siège devant Githium (petite ville de la dépendance de Sparte, connue aujourd'hui sous le nom de Paléopolis). Les Romains envoyèrent contre lui, et Philopémen prit le commandement de la flotte Achéenne. Philopémen fut battu sur mer, mais peu de jours après, dans un combat sur terre qui se donna auprès de Sparte, Nabis perdit presque toute son armée. Quelque temps après, ce tyran fut tué en trahison. Philopémen ayant appris la mort du tyran, se dirigea vers Sparte et décida les Lacédémoniens à entrer dans la ligue des Achéens.

La ville de Messène s'étant détachée de la ligue des Achéens, et les Messéniens voulant s'emparer d'un poste nommé Corone, Philopémen, quoiqu'âgé de soixante-dix ans, marcha contre eux; étant tombé de cheval, il fut pris par les ennemis, qui le menèrent à Messène, on le mit en prison, l'exécuteur lui donna le poison, et il mourut dans un moment. Les Achéens vengèrent aussitôt la mort de leur général, ils se jetèrent dans la Messénie, et mirent tout à feu et à sang. Les Messéniens n'obtinrent la paix qu'en demandant pardon de leurs fautes et en livrant les auteurs de la révolte et de la mort de Philopémen.

Plus de trente ans après, des troubles étant survenus entre la ligue Achéenne et Sparte, les Achéens entrèrent dans la Laconie, et la ravagèrent. Des députés de Rome arrivèrent à ce sujet en Grèce, et une assemblée fut convoquée à Corinthe. Les députés furent maltraités et les Lacédémoniens massacrés.

Les Achéens se décidèrent à faire la guerre aux Lacédémoniens et par contre-coup aux Romains. Les Béotiens et la ville de Chalcis, aujourd'hui Négrepont, entrèrent dans leur parti. Les Romains sous la conduite des consuls Mummius et Métellus, remportèrent de grandes victoires, les Achéens furent rompus et mis en fuite. Le consul Mummius étant entré dans la ville de Corinthe, l'abandonna au pillage, fit mettre le feu à toutes les maisons, et fit abattre les murailles jusque dans les fondements. Il en agit ainsi par l'ordre du sénat pour punir l'insolence des Corinthiens, qui avaient violé le droit des gens, en maltraitant les ambassadeurs que Rome leur avait envoyés.

Depuis ce temps là, l'an 146 avant Jésus-Christ, la Grèce fut réduite en province romaine, sous le nom de province d'Achaïe.

Sparte ou Lacédémone, faisait autrefois partie de la Grèce méridionale : aujourd'hui elle se nomme Misitra et est une des villes de la Turquie méridionale d'Europe.

ATHÈNES.

Athènes fut fondée par Cécrops, égyptien. Ce fondateur apprit aux Athéniens l'art de cultiver le blé et d'en faire du pain, et ceux-ci l'enseignèrent aux autres Grecs. Il établit un tribunal appelé Aréopage, qui devint le plus célèbre de l'antiquité. Parmi les rois d'Athènes, on remarque Amphyction, qui forma une confédération des douze principaux peuples de la Grèce; Egée, Thésée, qui réunit en un corps de ville et de nation les douze bourgades de l'Attique, et Codrus qui fut le dernier des rois qui se fit tuer pour le salut de sa patrie, dans une guerre contre les Doriens.

Après lui, les Athéniens abolirent la royauté et s'érigèrent en république. Médon, fils de Codrus, fut mis à la tête avec le titre d'Archonte, c'est-à-dire gouverneur. Les archontes furent d'abord perpétuels, puis décennaux, puis enfin on les renouvela tous les ans. Le renouvellement si fréquent des magistrats occasionnait chaque jour des querelles et des factions. Pour rémédier à ces dissensions, on chercha un législateur qui pût donner des lois, et on jeta les yeux sur Dracon, personnage d'une sagesse et d'une probité reconnues. Ce législateur en publia d'extrêmement sévères, et punissait de mort la plus légère faute comme le plus grand crime. Ces lois trop violentes ne purent se maintenir, et il fallut recourir à un nouveau législateur. Solon, homme des plus sages, des plus doux et des plus vertueux de son siècle, fut choisi. Son mérite extraordinaire lui donna un des premiers rangs parmi les sept sages de la Grèce.

Solon, cassa les lois de Dracon, excepté celles qui étaient contre les meurtriers. Il abolit toutes les dettes et rendit ainsi la liberté à tous les pauvres citoyens, qui avaient été obligés de se vendre pour les acquitter. Il augmenta l'autorité de l'aréopage en ne confiant la dignité de cette magistrature qu'aux archontes sortis de charge. Ce sénat auguste avait une telle réputation de probité et de sagesse que les Romains y envoyèrent quelquefois pour y obtenir la décision des causes qui leur paraissaient trop embarrassées. Pour ne pas détourner l'attention des juges, les séances se tenaient pendant la nuit; la vérité seule était écoutée, et il était défendu aux orateurs d'employer ni exorde, ni péroraison, ni digression.

Solon, ne suivit pas l'exemple de Lycurgue et comme lui ne bannit pas l'exercice des arts et des métiers, il les encouragea au contraire, excita par là chez les Athéniens le goût du travail et des beaux arts, et adoucit ainsi leurs mœurs.

Après la publication de ses lois, Solon s'éloigna d'Athènes et fut absent pendant dix ans. A son retour toute la ville était en trouble et Pisistrate profitant de cette circonstance voulait s'emparer du souverain pouvoir; il y réussit et parvint à entraîner Solon par les caresses qu'il lui fit, et les marques d'estime qu'il lui prodigua. Solon mourut deux ans après.

Pisistrate, fut chassé deux fois d'Athènes et deux fois il sut remonter sur le trône. Il s'y maintint dix-sept ans en paix et transmit la souveraineté à Hipparque et Hippias ses fils. Hipparque fut tué, et Hippias qui régnait en tyran fut chassé d'Athènes après avoir régné dix-huit ans. La république fut alors rétablie.

Sous le règne de Darius, fils d'Hystaspe, roi de Perse, Aristagore qui commandait à Milet pour Hystiée, fit révolter les Ioniens, et passa à Athènes pour engager cette ville à entrer dans ses intérêts. Les Athéniens indisposés contre les Perses qui voulaient rétablir Hippias sur le trône d'Athènes, accordèrent à Aristagore ce qu'il leur demanda et lui envoyèrent vingt vaisseaux.

Les Ioniens s'étant rendus à Sardes, un soldat mit le feu à une maison, la flamme se communiqua aux autres et toute la ville fut réduite en cendres. La part que les Athéniens eurent à cet incendie décida Darius à se venger d'eux et à porter la guerre dans leur pays.

Dans ce temps, les Athéniens avaient quelques grands hommes qui s'illustrèrent par leurs talents et leur sagesse. On cite entre autres Miltiade, Aristide, qui fut surnommé le juste, et Thémistocle. Plus tard, Cimon, fils de Miltiade, ne s'illustra pas moins que son père.

Miltiade était fils d'une maison fort ancienne, originaire de l'île d'Egine, dans le golfe de Sarone, auprès d'Athènes; il quitta l'établissement qu'il avait dans la Thrace pour venir défendre Athènes.

Aristide et Thémistocle, quoique d'un caractère différent, rendirent tous deux de grands services à la république. Aristide ne cherchait point à plaire à ses amis aux dépens de la justice, et néanmoins il était toujours prêt à leur être utile. Il avait un amour excessif du bien public, et dans quelque position de la vie qu'il se trouvât, il conservait toujours sa tranquillité et sa douceur ordinaires. Ses concitoyens avaient pour lui une telle estime, qu'un jour un acteur ayant récité ces mots : « Il ne veut pas paraître homme de bien et » juste, mais l'être réellement. » Tout le monde jeta les yeux sur Aristide, et lui en fit l'application.

Thémistocle ne négligeait rien pour se rendre agréable au peuple et pour se faire des amis ; sa passion dominante était l'ambition et l'amour de la gloire. Il eut souvent des contrariétés avec Aristide, qui l'empêchait de prendre une autorité qui aurait pu devenir pernicieuse à la république. Cependant l'intérêt commun de la patrie les réunissait quand il s'agissait de faire une expédition, et ils convenaient d'abandonner leurs dissensions, avec liberté de les reprendre à leur retour.

Avant d'entreprendre la guerre, Darius envoya des hérauts à Athènes ; ces officiers furent fort maltraités et jetés dans le *barathre* (fosse profonde où l'on jetait les coupables condamnés à mort). Dès lors les Perses entrèrent en Grèce, et après avoir assiégé Eréthrie, ville considérable de l'île d'Eubée ou Négrepont, l'avoir prise et réduite en cendres, ils s'avancèrent vers l'Attique. Hippias les conduisit à Marathon, leur armée se montait à cent dix mille hommes. Les Athéniens ne furent pas ébranlés des préparatifs qui se faisaient contre leur ville, et, de l'avis d'Aristide et des autres généraux, le commandement de leur armée, qui ne se montait qu'à onze mille hommes, fut confié à Miltiade. Cet habile capitaine s'empara d'un poste avantageux, et par son courage et par celui de ses soldats, tous les Perses furent mis en déroute. Les Athéniens les poursuivirent jusque vers leurs vaisseaux, et leur en prirent sept. Hippias fut tué dans le combat. (Ce trait d'histoire est déjà rapporté au règne de Darius roi de Perse.)

Aussitôt après la bataille, un soldat Athénien, couvert du sang des ennemis, courut de toutes ses forces à Athènes, pour porter à ses concitoyens l'heureuse nouvelle de la victoire. Quand il fut arrivé à la maison des magistrats, il ne leur dit que ces mots : « Réjouissez-vous, nous sommes vainqueurs, » et il tomba mort à leurs pieds.

L'année suivante, au retour d'une expédition contre l'île de Paros, l'une des Cyclades, où il avait reçu une blessure dangereuse, Miltiade éprouva l'ingratitude de ses concitoyens. Accusé faussement d'avoir trahi sa patrie et d'avoir reçu de grandes sommes du roi des Perses, il fut condamné à mort. Le magistrat s'opposa à l'exécution d'un jugement si inique, et la sentence fut commuée en une amende énorme. Miltiade étant hors d'état de la payer, il fut mis en prison, et y mourut de la blessure qu'il avait reçue à Paros.

Après la célèbre bataille de Marathon, les Athéniens avaient érigé sur le lieu même de la bataille, d'illustres monuments à tous leurs morts, et lorsque Miltiade fut mort, ils y ajoutèrent le tombeau de ce grand général.

Vers cette époque, Thémistocle, jaloux d'Aristide, parvint par ses intrigues à le faire bannir d'Athènes par la voie de l'ostracisme. On procédait à ce jugement en écrivant le nom de l'accusé sur une coquille, appelée en Grec Ostrakun. Un paysan qui ne savait pas écrire, et qui ne connaissait pas Aristide, s'adressa à lui-même pour le prier de mettre le nom d'Aristide sur sa coquille. « Cet homme vous a-t-il fait quelque mal, lui dit Aristide, » pour le condamner ainsi ? Non, répliqua le » paysan, je ne le connais même pas, mais » je suis fatigué et blessé de l'entendre partout » appeler le juste. » Aristide prit la coquille, y écrivit son nom et la lui rendit. Il partit peu de temps après pour son exil à Egine, dans le golfe de Sarone, au près d'Athènes.

Quelques années se passèrent et Xerxès, successeur de Darius, continua la guerre contre les Grecs : il arriva à Athènes, que ses habitants avaient abandonnée, pour monter sur leurs vaisseaux et ne pas perdre leur liberté, il s'empara de la citadelle, y mit le feu et la brûla. Thémistocle, chef des Athéniens, fit décider tous les généraux à s'arrêter au détroit de Salamine et d'y livrer bataille. Aristide revint dans ce temps d'Egine et se réconcilia avec Thémistocle.

On se prépara de part et d'autre au combat. Les Perses attaquèrent d'abord avec impétuosité, mais ce premier feu se ralentit bientôt ; les Ioniens prirent les premiers la fuite et le reste de la flotte les suivit. Dans cette bataille mémorable les Perses perdirent beaucoup de navires.

L'année suivante, Mardonius, général persan, qui était resté en Grèce avec une armée de trois cent mille hommes, envoya des ambassadeurs à Athènes pour l'engager à cesser de faire cause commune avec les autres Grecs. Aristide, qui était alors le premier des Archontes, répondit aux ambassadeurs que tout l'or et l'argent du monde n'étaient pas capables de le tenter et de le porter à vendre sa liberté, ni celle de la Grèce. Cette sublime réponse ne satisfit pas Mardonius, il marcha vers l'Attique, entra à Athènes et brûla toutes les maisons qui restaient. Les Lacédémoniens et les Athéniens s'étaient alliés et étaient conduits les uns par Pausanias, roi de Lacémone, et les autres par Aristide ; leur armée s'élevait à soixante mille hommes. Mardonius étant entré dans la Béotie, les deux armées se rencontrèrent auprès de Platée et en vinrent aux mains. L'armée des Perses fut exterminée, Mardonius perdit la vie, et ce qu'il restait de Perses fut poursuivi et taillé en pièces. De cette fameuse armée, il ne se sauva pas cinquante mille hommes.

Par cette victoire les Grecs se délivrèrent pour toujours de l'invasion des Perses en deçà de l'Hellespont, nommé aujourd'hui Gallipoli.

Le même jour, les Athéniens remportèrent une autre victoire sur les Perses, à Mycale, ville d'Ionie.

La bataille de Platée se donna l'an 479 avant Jésus-Christ. On dressa des monuments de cette victoire à Sparte, à Athènes et à Platée.

La guerre avec les Perses étant terminée, les Athéniens rentrèrent dans leur patrie et rétablirent Athènes. Thémistocle la fit entourer de bonnes murailles, il bâtit et fortifia le beau et grand port nommé le Pyrée, qui pouvait contenir et mettre en sûreté la flotte la plus nombreuse. Les Lacédémoniens, jaloux de ces grands travaux, engagèrent les Athéniens à ne pas les achever, sous le prétexte qu'il ne fallait pas qu'il y eut de ville fortifiée hors du Péloponèse et qui pourrait servir de place d'armes aux barbares en cas d'une seconde irruption. Thémistocle éluda la question et répondit que les travaux des Athéniens avaient été jugés nécessaires pour leur propre sûreté. Les Lacédémoniens, dans l'impuissance de s'y opposer, dissimulèrent leurs ressentiments et conservèrent cette jalousie et cette haine qui éclatèrent peu de temps après par la guerre du Péloponèse.

La conduite de Thémistocle, qui voulait dominer seul, le rendit odieux à ses concitoyens, et il fut banni d'Athènes par l'ostracisme. Il se retira à Argos. Accusé d'avoir participé au complot de Pausanias, il passa en Epire, puis chez Admète, roi des Molosses, et fut enfin réduit à réclamer un asile en Perse, chez le roi Artaxerce-Longue-Main, successeur de Xerxès, qui le combla de bienfaits.

(Le séjour de Thémistocle à la cour d'Artaxerce et sa mort sont rapportés à l'histoire de la Perse).

Vers ce temps-là mourut Aristide. Il mourut si pauvre qu'il ne laissa pas de quoi se faire enterrer, il était cependant contrôleur-général des finances. L'état fit les frais de ses funérailles et se chargea de faire subsister sa famille.

Cimon, fils de Miltiade, succéda à Thémistocle dans le commandement des armées. Il commença ses conquêtes par chasser les Perses de la Grèce et de la Chersonèse de Thrace. Plusieurs années après, ainsi que son père, que Thémistocle et qu'Aristide, il éprouva l'ingratitude de ses concitoyens et fut banni par la voie de l'ostracisme, sous le vain prétexte qu'il prenait les intérêts de Lacédémone, avec laquelle Athènes était en mauvaise intelligence. Son absence se fit bientôt sentir et on le rappela. Il réconcilia Sparte et Athènes, leur fit faire une trève de cinq ans, et mena les Athéniens contre les Perses. Il vainquit sur mer les généraux persans et força Artaxerce, pour obtenir la paix, à rendre la liberté à toutes les villes grecques d'Asie.

Il termina ainsi la guerre entre les Athéniens et les Perses, qui avait duré cinquante-un ans depuis l'incendie de Sardes, et peu de temps après il mourut. (Les faits d'armes de Cimon sont consignés à l'histoire des Perses, règne d'Artaxerce Longue-Main).

Après la perte de tant de bons généraux, la Grèce semblait devoir être privée d'un chef qui la conduisît, lorsque Périclès, qui descendait des premières maisons et des plus illustres familles d'Athènes, se fit connaître par ses grands talents; Il était d'un caractère doux et insinuant, sobre, modéré et possédait au plus haut degré le talent de la parole. Parvenu à la tête du gouvernement, il partagea aux citoyens les terres conquises et leur donna les deniers publics pour les jeux et les spectacles. De cette façon, il s'acquit un grand crédit sur l'esprit du peuple, mais il en corrompit les mœurs en le rendant somptueux, et détruisit par là la constitution de Solon, qui avait rendu les Athéniens sobres et modérés. Il abaissa le tribunal de l'aréopage dont il n'était pas membre, et ne laissa au sénat que les affaires les plus communes et en très-petit nombre.

Périclès embellit Athènes par de superbes monuments ; ces ouvrages firent singulièrement fleurir les beaux arts, et plus de cinq cens ans après, on en admirait encore la rare beauté et une certaine fraîcheur de jeunesse. Ces monuments consistaient en temples, en portiques et en statues.

Il joignit le beau port du Pyrée à la ville par un mur nommé la longue muraille, dont la longueur était de deux lieues.

Périclès aurait pu, par son crédit et par son génie, maintenir la paix en Grèce, particulièrement entre les Athéniens et les Lacédémoniens ; non-seulement il en négligea les moyens, mais encore par ses conseils, il décida les Athéniens à faire la guerre contre les Lacédémoniens et leurs alliés ; c'est ce qui va faire le sujet du chapitre suivant qui concernera la guerre du Péloponèse.

GUERRE DU PÉLOPONÈSE.

Cette guerre éclata l'an 431, entre les Athéniens et les Spartiates.

Potidée, ville de Macédoine, donna lieu à cette guerre. Cette ville payait contribution à

Athènes, et les Athéniens, craignant qu'elle se révoltât dans l'effervescence où était alors la Grèce, ordonnèrent aux habitants de démolir leur muraille et de leur donner des ôtages pour la garantie de leur fidélité. Potidée résista à cet ordre et dès lors cette ville fut assiégée par les Athéniens. Dans cette occurrence, les Lacédémoniens, de concert avec leurs alliés, déclarèrent la guerre à Athènes, et les Athéniens, par le conseil de Périclès, se déterminèrent à la soutenir.

Le premier acte d'hostilité vint de la part des Thébains, qui attaquèrent Platée et la prirent par trahison, mais les Platéens les ayant attaqués de nuit, les tuèrent tous excepté quelques prisonniers qui, peu de temps après, furent mis à mort. Les Athéniens envoyèrent du secours à Platée, et, de leur côté, les Lacédémoniens dirigèrent contre Athènes une armée de soixante mille hommes, sous la conduite d'Archidamus, leur roi. Ce sage roi envoya un Spartiate à Athènes, pour tenter encore une fois de rétablir la paix, mais cet ambassadeur ne put entrer dans la ville et ne fut pas même écouté. Archidamus entra alors dans l'Attique, au milieu de la moisson et en ravagea toute la contrée. Il campa à quinze cents pas d'Athènes. Les Athéniens, irrités du ravage de leurs terres et de l'incendie de leurs moissons, qu'ils voyaient brûler sous leurs yeux, voulaient combattre à quelque prix que ce fut, mais Périclès, malgré les prières et les menaces, refusa constamment de les mener au combat. Ce général était persuadé que les Athéniens ne pourraient résister à leurs ennemis, et que la flotte qu'il avait envoyée dans le Péloponèse pour en ravager les terres, les forceraient de décamper; c'est en effet ce qui arriva. Lorsqu'ils en apprirent la nouvelle, ils se retirèrent et cette première campagne fut terminée.

L'année suivante l'ennemi rentra dans le pays et le ravagea de nouveau. A ce ravage se joignit celui de la peste, qui enlevait un nombre considérable de citoyens. Les Athéniens, plongés dans la plus profonde consternation, accusèrent Périclès d'être l'auteur de tous leurs maux, ils lui ôtèrent sa charge de général et le condamnèrent à une forte amende. Le peuple d'Athènes se repentit bientôt du mauvais traitement qu'il avait fait à Périclès et lui demanda pardon de son ingratitude. Périclès ne put résister aux prières qui lui étaient faites, et reprit le gouvernement. Peu de temps après il tomba malade de la peste et mourut. Les ravages de la peste furent cependant diminués par le dévouement d'Hippocrate, de l'île de Cos, célèbre médecin de l'antiquité, qui préféra consacrer tous ses soins aux Grecs ses compatriotes, plutôt que d'accepter les riches présents que le roi de Perse lui offrait pour l'attirer à sa cour.

Ce qu'il y eut de plus mémorable dans les quatrième et cinquième années, fut le siège que les Lacédémoniens avaient mis devant Platée. Il n'y avait dans la ville que quatre cents habitants et quatre-vingts Athéniens, avec cent dix femmes pour leur apprêter à manger. Néanmoins cette poignée de gens soutint le siège pendant long-temps, malgré les efforts d'une nombreuse armée.

Les deux années suivantes se passèrent sans évènements curieux ni intéressants.

Les huitième, neuvième, dixième, onzième, douzième, treizième, quatorzième, quinzième, seizième, dix-septième, dix-huitième et dix-neuvième années de la guerre, sont marquées par divers évènements.

Les Athéniens s'étaient rendus maîtres de l'île de Cythère, qui est sur la côte de Lacédémone, et infestaient tout le pays. De leur côté, les Lacédémoniens, sous la conduite de Brasidas leur général, s'emparèrent de la ville d'Amphipolis. Les Athéniens, commandés par Démosthène et Hippocrate, étant entrés dans la Béotie, les Thébains marchèrent à leur rencontre près de Délie, il s'y donna un combat où les Athéniens furent défaits et mis en fuite quoique la perte fut égale des deux côtés. Il se fit ensuite une trève d'un an entre les Athéniens et les Lacédémoniens, mais Brasidas du côté des Lacédémoniens, et Cléon du côté des Athéniens, s'opposèrent à la paix, et il fallut recommencer les hostilités. Brasidas se tenait enfermé dans Amphipolis, et Cléon s'avança sous les murs de cette ville. Brasidas fit brusquement une sortie, attaqua les Athéniens, fut blessé et mis hors de combat, il fut porté dans la ville où il ne survécut que de quelques moments. Cléon, surpris de cette attaque, ayant pris la fuite, fut tué par un soldat qui le rencontra.

Après la mort de ces deux hommes, les deux peuples firent une trêve et la paix allait être conclue pour cinquante ans, lorsque les intrigues d'Alcibiade, jeune Athénien, doué de brillantes qualités, firent rompre le traité.

Alcibiade, était un jeune homme qui réunissait à de grandes richesses, le crédit et la noblesse de sa famille. Il était d'une rare beauté, poli, civil, affable et plein d'esprit, aussi tous ces avantages le firent-ils remarquer, et voulut-il en profiter pour se placer à la tête des Athéniens.

Pour faire rompre le traité avec Lacédémone, il commença par faire entendre aux habitants d'Argos, qu'il était de leur intérêt de se séparer des Spartiates, et leur promit le secours des Athéniens; ensuite il trompa les ambassadeurs de Lacédémone en les assurant qu'il ne fallait pas qu'ils fissent connaître dans l'assemblée les pleins pouvoirs dont ils étaient munis et qu'ils avaient communiqués aux sénateurs, parce que le peuple d'Athènes exigerait alors des conditions outrées et contraires aux intérêts de leurs commettants. Ces ambassadeurs se laissèrent prendre dans ce piège et déclarèrent qu'ils étaient venus proposer quelques voies d'accommodement, mais qu'ils n'avaient pas le pouvoir de rien conclure. Le perfide Alcibiade, profitant de cette déclaration, se récria sur la mauvaise foi de ces hommes, et le peuple, entraîné par lui, conclut une ligue avec les Mantinéens, les Éléens et les Argiens, ennemis de Sparte. Par cette action, Alcibiade replongea les Spartiates dans une guerre qu'ils voulaient terminer.

Le caractère audacieux et entreprenant d'Alcibiade, qui ne négligeait rien pour inspirer à ses concitoyens des projets de conquête fort étendus, décida les Athéniens à entreprendre une expédition dans la Sicile pour assiéger Syracuse.

Sur le point de partir, toutes les statues de Mercure se trouvèrent mutilées en une nuit. Les auteurs de ce sacrilège ne furent pas connus, mais de graves soupçons planèrent sur Alcibiade et d'autres jeunes gens. Cependant au lieu de procéder au jugement de ces coupables, la flotte partit et Alcibiade y commandait une escadre. Ce général se rendit maître de Catane par surprise, et presqu'aussitôt il fut rappelé pour être jugé sur l'accusation de sacrilège qu'on avait intentée contre lui. Il obéit sur le champ et partit sur sa galère, mais il ne se rendit pas à Athènes, il se réfugia à Sparte où il obtint la permission de demeurer. Véritable caméléon, il se conforma en tout à la manière de vivre des Spartiates et les dirigea par ses conseils contre Athènes sa patrie. Ayant appris que les Athéniens l'avaient condamné à mort, il dit, « je leur ferai » bien voir que je suis en vie. »

Cependant les Athéniens, commandés par Nicias, depuis le départ d'Alcibiade, arrivés devant Syracuse, assiégèrent cette ville : les Syracusains firent plusieurs sorties dans lesquelles ils eurent le dessous, mais par les avis d'Alcibiade, qui avait persuadé aux Lacédémoniens d'envoyer un général en Sicile, d'attaquer d'un autre côté les Athéniens et de fortifier Décélie, ce qui les priverait de leurs mines d'argent, de leurs revenus ordinaires et de tous secours de leurs voisins, les Syracusains reprirent courage, et, suivant l'exécution du plan d'Alcibiade, ils remportèrent de grands avantages sur les Athéniens qui prirent la fuite. Les ennemis ayant traversé leur marche, détruisirent toute leur armée : les généraux qui avaient été faits prisonniers, furent battus de verges et mis à mort.

La défaite des Athéniens devant Syracuse arriva la 19e année de la guerre. Cet évènement jeta la consternation dans Athènes, et causa de grands mouvements dans la Grèce. Athènes se vit abandonnée de presque tous ses alliés et se trouva réduite à l'extrémité. Les Lacédémoniens se réjouirent beaucoup de ce malheur et employèrent Alcibiade qui fit révolter plusieures villes d'Ionie, qui se déclarèrent pour Sparte. Le crédit d'Alcibiade excita la jalousie des plus puissants des Spartiates et ils avaient obtenu un ordre pour le faire mourir, mais Alcibiade, qui avait été averti secrètement, se retira auprès de Tissapherne, satrape du roi des Perses.

Les Athéniens fort inquiets de leur sort se repentirent de la condamnation qu'ils avaient prononcée contre Alcibiade. Celui-ci connaissant ce qui se passait à Athènes, fit sonder les sentiments de l'armée et lui fit donner avis qu'il n'était pas éloigné de retourner à Athènes. D'abord les Athéniens furent étonnés, mais les grands talents d'Alcibiade, et l'état désespéré dans lequel ils étaient les décidèrent à le rappeler. Alcibiade ne voulut pas rentrer dans sa patrie sans rendre son retour glorieux et triomphant. Etant parti de Samos avec un petit nombre de vaisseaux, il aperçut Mindare, général de Sparte, naviguant vers l'Hellespont avec toute sa flotte que les Athéniens poursuivaient. Les Spartiates redoublèrent de courage lorsqu'ils virent son armée, et les Athéniens en furent abattus; mais Alcibiade arborant les enseignes athéniennes, fondit sur les Lacédémoniens, les mit en fuite et les poussa contre la terre, dès lors les Athéniens furent vainqueurs après avoir pris trente vaisseaux, et repris ceux qu'ils avaient perdus.

Peu de temps après, Alcibiade ayant encore rencontré Mindare et Pharnabaze autre général de Lacédémone, il leur livra bataille, tua le premier qui combattait avec beaucoup de valeur et mit l'autre en fuite. Profitant de sa victoire il alla sur le champ assiéger Chalcédoine, sur le bosphore de Thrace, vis-à-vis de Bysance, rejoignit Pharnabaze, et le força de faire un traité, portant qu'il compterait une certaine somme aux Athéniens, que Chalcédoine rentrerait dans l'obéissance et la dépendance des Athéniens, et leur paierait tribut. Par suite de ce traité, Bysance et plusieurs autres villes se soumirent et subirent la même loi.

Après ces deux grandes victoires, Alcibiade reprit le chemin d'Athènes où il fut reçu au milieu des cris et des acclamations de joie. Peu de temps après son arrivée, il demanda à comparaître devant une assemblée pour se justifier, voulant être absous de la peine qui avait été prononcée contre lui. Les Athéniens ravis de l'entendre, cassèrent la sentence, lui décernèrent des couronnes d'or et le nommèrent général sur terre et sur mer, de telle sorte qu'il se trouva revêtu d'un pouvoir absolu. Ayant fait connaître les desseins des ennemis, il obtint facilement le nombre de vaisseaux qu'il désirait et se prépara à une nouvelle expédition vers l'île d'Andros qui s'était révoltée, mais avant de partir il célébra les grands mystères de religion, et mit ensuite à la voile. De leur côté les Lacédémoniens, alarmés du retour et des succès d'Alcibiade, choisirent Lysandre comme le plus habile général capable de lui être opposé, et lui donnèrent le commandement de leur flotte.

Alcibiade, avait expressément défendu de faire aucune attaque, cependant Antiochus, son lieutenant, attaqua Lysandre, qui le battit et pris quinze galères. Alcibiade voulut réparer cet échec et alla présenter la bataille jusque dans le port d'Ephèse, mais Lysandre ne l'accepta pas. Alcibiade fut accusé du mauvais succès de son lieutenant, et les Athéniens, entraînés par ses ennemis, le bannirent et nommèrent à sa place dix généraux.

Alcibiade, pendant son exil, ayant pénétré le secret du jeune Cyrus, qui faisait lever un corps d'armée de troupes grecques pour détrôner son frère Artaxerce, se mit en marche pour se rendre à la cour de ce roi de Perse et lui donner avis de ce qui se tramait contre lui, mais le satrape Pharnabaze, gagné par les vives instances des Lacédémoniens qui craignaient les intrigues d'un génie supérieur comme celui d'Alcibiade, le fit assassiner.

A Sparte, on donna aussi un successeur à Lysandre, ce fut Callicratidas. Ce général remporta plusieurs victoires sur les Athéniens, mais enfin il fut vaincu et tué dans un combat naval près des îles Arginuses. Lysandre fut alors rappelé, et au commencement de la vingt-septième année de la guerre, il fit voile du côté de l'Hellespont, mit le siége devant Lampsaque, ville maritime dans la Propontide, la prit d'assaut et l'abandonna au pillage. La flotte des Athéniens, qui le suivait de près, vint le joindre dans l'Hellespont, et mouilla à un lieu appelé Ægos-Potamos, où ils s'arrêtèrent vis-à-vis des ennemis qui étaient encore à l'ancre devant Lampsaque. Lysandre observa pendant plusieurs jours les mouvements des Athéniens, et le cinquième jour ayant appris qu'ils étaient descendus à terre, il partit aussitôt avec toute sa flotte. Il tombe sur eux, fait un massacre horrible des soldats et tue ceux qui prennent la fuite. Tous les généraux furent faits prisonniers et il se rendit maître de la flotte entière. Ayant envoyé porter cette nouvelle à Lacédémone, les deux rois Agis et Pausanias, s'approchèrent d'Athènes avec toutes leurs troupes, et, bientôt après, Lysandre aborda au Pyrée avec une nombreuse flotte et empêcha qu'aucun navire n'y entrât et n'en sortit.

Les Athéniens, assiégés par terre et par mer et sans aucune ressource, demandèrent la paix et elle fut conclue à ces conditions :

Qu'on démolirait les fortifications du Pyrée, avec la longue muraille qui joignait le port à la ville; que les Athéniens livreraient toutes leurs galères, à la réserve de douze; qu'ils abandonneraient toutes les villes dont ils s'étaient emparés et se contenteraient de leurs terres et de leurs pays; qu'ils rappelleraient les bannis, et qu'ils feraient ligue offensive et défensive avec les Lacédémoniens, et les suivraient partout où ils voudraient les mener.

Le traité fut ratifié à Athènes, et Lysandre entra dans la ville. Ainsi fut terminée la guerre du Péloponèse, après avoir duré l'espace de vingt-sept ans.

SUITE DE L'HISTOIRE D'ATHÈNES.

Aussitôt après le traité, Lysandre changea toute la forme du gouvernement d'Athènes et établit dans la ville trente tyrans. Ensuite il retourna à Sparte avec les galères des Lacédémoniens et celles qu'il avait prises. Les trente tyrans établis à Athènes y exerçaient d'horribles cruautés. Quiconque s'opposait à leur injustice et à leur violence, était à l'instant mis à mort. Théramène, l'un des trente, indigné des excès de ses collègues, se déclara ouvertement contre eux, mais il fut bientôt victime de son dévouement pour la patrie, et il fut conduit au supplice à travers une foule de citoyens qui fondaient tous en larmes.

Les citoyens un peu considérables sortirent d'une ville réduite à une honteuse et dure servitude et se réfugièrent à Mégare et à Thèbes. Au nombre des réfugiés se trouvait Thrasybule, homme d'un rare mérite, qui résolut de détruire les tyrans. Lysias, orateur grec, que les trente avaient exilé, informé de cette résolution, leva à ses dépens un petit corps de troupes qu'il envoya au secours de sa patrie. Thrasybule, à qui ce secours fut envoyé, marcha vers le Pyrée et s'en rendit maître. Les trente y accoururent avec leurs troupes, mais ayant été battus dans le combat qui se donna, ils furent chassés d'Athènes et remplacés par dix hommes pour gouverner. Ces tyrans députèrent à Lacédémone pour demander du secours, mais le roi Pausanias ayant favorisé secrètement les citoyens d'Athènes, les tyrans furent mis à mort. Athènes recouvra ainsi sa liberté. Thrasybule fit rappeler tous les exilés et proposa une célèbre amnistie, par laquelle les citoyens s'engagèrent avec serment à oublier tout le passé. Le gouvernement fut alors rétabli tel qu'il était auparavant.

Plusieurs années après, les Athéniens entrèrent dans une ligue formée contre les Lacédémoniens : ceux-ci pour se venger d'Athènes dont ils étaient excessivement jaloux, parce que Conon en avait relevé l'éclat, firent une paix honteuse avec le roi de Perse et lui abandonnèrent toutes les villes grecques de l'Asie.

Plus tard, Athènes eut à lutter contre Chio, Cos, Rhodes, Byzance, qui s'étaient révoltées et qui jusque-là avaient dépendu d'elle. Cette guerre appelée dans l'histoire la guerre des alliés, se termina par une paix conclue par les conseils d'Isocrate, orateur grec, et il fut arrêté que les villes révoltées jouiraient d'une entière liberté.

Un certain laps de temps s'était écoulé, et les Athéniens n'avaient de différent qu'avec les Thébains, lorsque Philippe, roi de Macédoine, se disposa à assujettir toute la Grèce. Ce prince, fin politique, désirant s'assurer du défilé des Thermopyles, pour s'ouvrir un passage dans la Grèce, fit faire aux Athéniens des propositions de paix. Des ambassadeurs furent envoyés de part et d'autre, et les députés des Athéniens, qui se reposaient sur la bonne foi de Philippe, mirent beaucoup de temps à se rendre en Macédoine. Philippe profita de cet intervalle pour s'emparer des Thermopyles et pour entrer dans la Phocide. Les Athéniens s'aperçurent trop tard qu'ils avaient été trompés, et pour se mettre en état de défense, en cas d'invasion, ils rétablirent les murs de la ville et fortifièrent le Pyrée.

Vers cette époque, les Athéniens étaient

encouragés par les harangues de Démosthène, célèbre orateur grec, et Phocion était leur général. On rapporte de ce citoyen qu'on ne le vit jamais rire, ni pleurer, ni aller aux bains publics. Quand il allait à la campagne, ou qu'il était à l'armée, il marchait toujours nu-pieds et sans manteau, à moins qu'il ne fit un froid excessif et insupportable, aussi les soldats disaient-ils en riant : « Voilà Phocion habillé, c'est signe d'un grand hiver ». Ce citoyen se rendit aussi illustre par son désintéressement que par sa bravoure et par ses talents. Il fut chargé du gouvernement quarante-cinq fois, sans que jamais il l'eut demandé ni brigué, et ce fut toujours en son absence qu'on le choisit pour le mettre à la tête des armées.

Philippe ne perdant pas de vue les desseins qu'il méditait contre la Grèce, s'empara de l'Eubée, et y établit cinq tyrans, qui, sous son nom, exerçaient un souverain empire.

Les Athéniens, sous la conduite de Phocion, chassèrent les Macédoniens et les choses furent rétablies en leur ancien état. Peu de temps après, Philippe marcha vers la Thrace, dans le dessein d'assiéger Périnthe et Bysancé, mais Phocion, par sa prudence et la valeur de ses troupes, l'obligea d'abandonner son entreprise et le chassa de l'Hellespont.

Cependant Philippe, par ses intrigues et l'argent qu'il répandait, étant parvenu à se faire nommer généralissime des Grecs, usa de ruse et s'empara d'Elatée, la plus grande ville de la Phocide. Cette nouvelle étant arrivée à Athènes, y répandit l'alarme. Démosthène harangua fortement les Athéniens, leur fit comprendre les projets de Philippe et les engagea à envoyer sur le champ des ambassadeurs vers les peuples de la Grèce et surtout vers les Thébains, pour les décider à former une ligue commune contre Philippe. Cet avis fut suivi, et Démosthène, à la tête de l'ambassade, partit à l'instant pour Thèbes. Son éloquence et la force de son raisonnement ravirent les Thébains qui conclurent avec Athènes une ligue contre Philippe. La réunion de ces deux peuples déconcerta Philippe, il envoya des ambassadeurs à Athènes pour l'engager à ne point armer et à vivre avec lui en bonne intelligence, mais ne se fiant point à la parole d'un prince qui ne cherchait qu'à tromper, on n'écouta pas ses propositions,, et tout se prépara à la guerre. Les Athéniens et les Thébains se mirent alors en campagne; de son côté, Philippe ayant réuni toutes ses troupes, entra dans la Béotie. Les deux armées campèrent près de Chéronée, un combat s'engagea et Philippe remporta la victoire. Malgré cet avantage, Philippe renvoya libres tous les prisonniers Athéniens, renouvela avec Athènes l'ancien traité d'amitié et accorda la paix aux Thébains.

Deux ans après la bataille de Chéronée, Philippe fut assassiné, les Athéniens se réjouirent beaucoup de cette mort, et Démosthène les engagea à faire des sacrifices, pour remercier les dieux d'une si heureuse délivrance.

Après la mort de Philippe, Alexandre, son fils, voulut conserver ce que son père avait conquis. Les Athéniens, ainsi que les autres peuples de la Grèce, se liguèrent contre lui pour se remettre dans leur liberté. Alexandre marcha à grandes journées contre la Grèce, entra en Béotie et alla camper devant la ville de Thèbes. Les Thébains ayant résisté, leur ville fut prise, pillée et rasée. La ruine de Thèbes ayant consterné les Athéniens, ils députèrent vers Alexandre pour implorer sa clémence. Ce roi leur pardonna et exigea seulement d'eux qu'ils veillassent à ce qui se passerait, et qu'ils eussent à l'en prévenir sous peine de voir détruire leur ville.

Les Athéniens supportaient avec peine le joug que la Macédoine avait imposé à la Grèce, aussi lorsque la nouvelle de la mort d'Alexandre arriva à Athènes, ils se livrèrent à une joie excessive et résolurent aussitôt de faire la guerre. A cet effet il députèrent vers tous les peuples de la Grèce pour les engager à entrer dans la ligue. Antipater était pour lors gouverneur de la Macédoine; il y eut entre lui et les Athéniens une action très-vive dans laquelle il fut défait et par suite de laquelle il fut obligé de se rendre par capitulation, mais quelque temps après, étant soutenu par les Phrygiens et les Ciliciens, il battit les Grecs et marcha vers Athènes qui se trouvait abandonnée de tous ses alliés. Les Athéniens lui envoyèrent des ambassadeurs pour traiter avec lui de la paix; il y consentit à condition qu'ils lui livreraient Démosthène, qu'il regardait comme l'instigateur de toutes les guerres, et qu'ils s'en remettraient entièrement à lui. Ces conditions ayant été acceptées il entra dans la ville et gouverna les Athéniens avec beaucoup de justice et de douceur. Démosthènes qui était sorti de la ville et s'était retiré dans l'île de Calaurie, avala du poison qu'il portait toujours sur lui et expira au pied de l'autel du temple de Neptune, où il s'était réfugié.

Après avoir pourvu à tout ce qui était utile pour le gouvernement des Athéniens, Antipater reprit la route de la Macédoine, et quatre ans après il mourut.

La nouvelle de cette mort étant arrivée à Athènes, elle y occasionna des troubles, et à la suite d'une assemblée tumultueuse, Phocion, accusé de trahison par ses ennemis, fut déposé de sa charge de général. Ce grand homme fut condamné à mort, il prit la ciguë et mourut. A son arrivée à la prison, quelqu'un de ses amis lui ayant demandé s'il avait quelque chose à mander

à son fils : « Oui, certes, dit-il, c'est de
» ne point se souvenir de l'injustice des
» Athéniens. »

Cassandre, fils d'Antipater, profita des troubles qui régnaient dans Athènes pour s'en rendre maître. Il établit Démétrius de Phalère pour la gouverner. Ce nouveau chef athénien conserva les rênes du gouvernement l'espace de dix années. Pendant ce temps il augmenta les revenus de la république, et il embellit la ville d'édifices. On convient qu'Athènes n'a jamais été mieux conduite que sous lui. Démétrius mourut sous le règne de Ptolémée Philadelphe, roi d'Egypte. Ce prince avait conservé du ressentiment contre lui, parce qu'il avait conseillé à son père de donner la couronne à l'aîné de ses enfants, et lorsqu'il fut sur le trône, il le fit arrêter et retenir en prison. Une piqûre d'aspic mit fin à la vie de ce grand homme.

Trois ans après la mort de Démétrius, Antigone, l'un des généraux d'Alexandre, et Démétrius, son fils, surnommé Poliorcète, résolurent d'affranchir Athènes, qui, ainsi que les autres villes grecques, était tenue dans une espèce de servitude.

Démétrius envoyé par son père, arriva dans le port d'Athènes avec une flotte de deux cent cinquante voiles. Les Athéniens fort inquiets de cette apparition, prirent les armes, mais Démétrius leur ayant fait savoir qu'il venait les mettre en liberté et leur rendre leurs lois et leur ancien gouvernement, ils s'empressèrent alors de le recevoir : il entra dans leur ville et rétablit le gouvernement démocratique qui leur plaisait infiniment. A cette occasion, les Athéniens lui rendirent des honneurs excessifs et l'honorèrent du titre de Dieu sauveur. Démétrius resta quelque temps à Athènes, après quoi son père lui fit quitter la Grèce.

Les Athéniens rappelèrent bientôt Démétrius pour les protéger contre Cassandre qui assiégeait leur ville. Démétrius arriva promptement, chassa Cassandre de l'Attique et le défit. Les Athéniens lui rendirent de nouveaux honneurs et poussèrent l'adulation jusqu'à lui assigner pour logement le derrière du temple de Minerve.

Depuis long-temps Athènes vivait dans le calme et jouissait du fruit de ses institutions, lorsque Antigone-Gonatas, alors roi de Macédoine qui était devenu fort puissant, semblait vouloir s'assujettir la Grèce. Les Athéniens et les Lacédémoniens firent une ligue contre lui, mais Antigone sans perdre de temps vint mettre le siège devant Athènes. Cette ville réduite à ses propres forces fut prise, et Antigone y mit garnison.

Athènes était encore sous la dépendance de la Macédoine, sous le règne de Philippe, petit-fils d'Antigone. Ce prince étant en guerre avec les Romains, le consul Sulpicius arriva en Macédoine et envoya Claudius-Cento au secours d'Athènes. Ce capitaine étant entré dans le Pyrée avec ses galères, délivra les Athéniens de la garnison de Philippe et leur rendit le courage et la confiance.

Athènes, ayant subi le même sort que toutes les autres villes grecques, avait été réduite en province de l'empire romain, l'an 146 avant Jésus-Christ; cependant, et long-temps après, elle eut encore à souffrir des horreurs de la guerre.

Mithridate, roi de Pont, était en guerre avec les Romains. Ce roi après s'être rendu maître de l'Asie-mineure, envoya en Grèce Archélaüs, l'un de ses généraux. Ce général prit Athènes, s'y établit et engagea dans les intérêts de son maître la plupart des villes et des états de la Grèce. Sylla, général romain, chargé de la guerre contre Mithridate, arriva alors en Grèce. A l'arrivée de Sylla toutes les villes lui ouvrirent leurs portes, à l'exception d'Athènes qui résista. Ce général en forma le siège, il s'en rendit maître et la livra au pillage. Le carnage fut horrible. Peu de jours après, il s'empara du Pyrée, dont il brûla toutes les fortifications.

Malgré la perte de tout le pouvoir qu'elle avait et sa dépendance sous les Romains, Athènes demeura toujours la capitale des sciences, l'école des beaux arts, le centre et la règle du bon goût pour toutes les productions de l'esprit. Rome, elle-même, reconnut ce glorieux empire, et elle envoyait ses plus illustres citoyens se former et se perfectionner à Athènes.

Cette célèbre ville n'est plus aujourd'hui qu'une petite ville qu'on nomme Sétines.

MACÉDOINE.

La Macédoine était un royaume héréditaire situé dans l'ancienne Thrace et borné au midi par les montagnes de la Thessalie, au levant par la Béotie et la Picrie, au couchant par les Lyncestes, au nord par la Migdonie et par la Pélagonie. Quand Philippe eut conquis une partie de la Thrace et de l'Illyrie, ce royaume s'étendit depuis la mer Adriatique jusqu'au fleuve Stryman.

Pella, célèbre par la naissance de Philippe et d'Alexandre, était la capitale du royaume de Macédoine. On l'appelle aujourd'hui Jénizza.

Ce royaume faisait partie de la Grèce, cependant il se passa un temps considérable sans qu'on y fit attention. La gloire de la Macédoine ayant été relevée par Philippe et Alexandre son fils, il est intéressant de faire connaître l'histoire de ces deux princes.

HISTOIRE DE PHILIPPE.

Philippe était fils d'Amyntas II, que l'on comptait pour le seizième roi de Macédoine, depuis Caranus, qui avait fondé ce royaume il y avait quatre cent trente ans.

A l'âge de dix ans, il fut emmené à Thèbes par Pélopidas. Ce général Thébain le remit à Epaminondas, illustre citoyen de Thèbes, qui se chargea de son éducation.

Après la mort de Perdiccas son frère, Philippe monta sur le trône, il avait alors vingt-quatre ans. Cette époque remonte à l'an du monde 3644, et avant Jésus-Christ 360.

Dans le commencement de son règne, Philippe s'occupa à pourvoir à tout ce qui était utile dans son royaume, à se mettre en sûreté du côté des ennemis qui pourraient venir le troubler et à s'affermir sur le trône. Toutes ces choses étant en cet état, il forma de bonnes troupes et établit la phalange macédonnienne. C'était un corps de troupes de seize mille hommes, qui devint très-fameux et qui était bien discipliné. Outre l'épée, les soldats avaient pour armes un bouclier et une pique de quatorze coudées de longueur ou vingt-un pieds environ.

Bientôt son ambition le porta à vouloir étendre ses frontières, à assujettir ses voisins et à se rendre l'arbitre de la Grèce. Il s'empara d'Amphipolis et de Potidée, villes de Thrace, et encore de Pydne et de Crénides, dont il changea le nom et lui donna le sien, toutes deux villes de Macédoine.

Une guerre presque générale, nommée la guerre sacrée, s'étant allumée en Grèce contre les Phocéens qui avaient été déclarés sacrilèges parce qu'ils avaient labouré des terres consacrées à Apollon, Philippe, qui était resté neutre, profita de l'embarras des autres peuples pour s'emparer de Méthone, petite ville de Thessalie qu'il ruina. Il perdit un œil au siège de cette ville. Voici comment : un excellent tireur lui ayant offert ses services en l'assurant qu'il ne manquait pas les oiseaux, même dans leur vol le plus rapide, Philippe, lui répondit qu'il le prendrait à son service lorsqu'il ferait la guerre aux étourneaux. Cette réponse ayant piqué l'arbalêtrier, il se jeta dans la place, tira contre Philippe une flèche, où il avait écrit : « à l'œil droit de Philippe, » et il ne lui prouva que trop qu'il savait bien tirer, car il lui creva l'œil droit. Philippe lui renvoya la même flèche avec ces mots : « Phi-

» lippe fera pendre Aster s'il prend la ville, et
» il lui tint parole. »

Après la ruine de Méthone, Philippe voulut s'emparer du passage des Thermopyles pour avoir une entrée libre dans la Grèce, mais les Athéniens l'en empêchèrent et il fut obligé de retourner en Macédoine.

Démosthène ayant pénétré les projets de Philippe, cet illustre orateur grec, dans un discours plein de force et de vérité, prouva aux Athéniens jusqu'à quel point allait l'ambition de ce prince, mais Philippe, par son or, ayant corrompu d'autres orateurs qui détruisirent l'effet du discours de Démosthène et endormirent les Athéniens, n'en suivit pas moins le plan qu'il s'était tracé. Il arriva devant Olynthe, ville de Thrace, qui lui fut livrée par trahison. Avant la prise de cette ville, il s'était rendu maître de trente-deux villes dans la Chalcide, qui faisait partie de la Thrace.

Cependant la guerre sacrée continuant toujours, et les Thébains se trouvant hors d'état de la continuer, eurent recours à Philippe, qui la termina promptement. Ce prince voulant dérober aux Athéniens la connaissance de son intervention, et tâcher enfin de s'emparer des Thermopyles, leur fit faire des propositions de paix. Pendant le temps qu'on employa à délibérer au sujet des Phocéens qui étaient exclus du traité, il passa le défilé et entra dans la Phocide.

Les Phocéens intimidés de la marche de Philippe se rendirent à lui, et il eut ainsi l'honneur de terminer une guerre qui durait depuis dix ans.

Après cette guerre, les Phocéens furent soumis au jugement des Amphyctions. (Etats généraux de la Grèce) A cette occasion Philippe se fit donner droit de séance au conseil, et de plus on lui accorda l'intendance des jeux pythiques. Il retourna ensuite en Macédoine.

Environ deux ans après, il se ligua avec les Thébains, les Messéniens et les Argiens, contre Lacédémone, mais il échoua dans son entreprise, et fut obligé de retirer ses troupes.

Peu de temps après, il se dirigea vers l'île d'Eubée dont il s'empara. Les Athéniens sortant alors de leur assoupissement et étant conduits par Phocion, le chassèrent de cette contrée.

Philippe ne se tint pas long-temps en repos : pour priver Athènes des blés qu'elle recevait de la Thrace, il alla mettre le siège devant Périnthe et Bysance. Les Athéniens, ne doutant plus des intentions de Philippe et d'ailleurs éclairés par les harangues fréquentes de Démosthène, envoyèrent Phocion au secours des alliés de l'Hellespont. Cet habile général obligea Philippe de cesser ses hostilités et le força de partir. Ayant été ainsi contraint de lever le siège de Bysance, il marcha contre les Scythes, qu'il vainquit aisément. Le fruit de cette victoire consista uniquement en bétail et en chevaux, encore à son retour, faillit-il perdre la vie dans un combat contre les Triballes qui prétendaient avoir leur part au butin qu'il emmenait.

L'ambition de Philippe, n'était pas satisfaite, et malgré l'or qu'il répandait dans toutes les villes grecques, il n'avait pu encore arriver au but qu'il désirait depuis long-temps, qui était de se faire élire généralissime des Grecs. Pour parvenir à cette fin, il fit accuser les Locriens de sacrilège pour avoir labouré une terre sacrée qui était tout près du temple de Delphes. L'affaire portée à l'assemblée des Amphyctions, l'orateur Eschine qu'il avait fait nommer député et qui lui était entièrement vendu, représenta avec beaucoup d'éloquence aux autres députés qu'il fallait, ou qu'ils soutinssent eux-mêmes la guerre, ou qu'ils élussent Philippe pour leur général. Le souvenir de la guerre sacrée contre les Phocéens détermina les députés à prendre ce parti, et Philippe, à son grand contentement, reçut le titre de généralissime des Grecs avec plein pouvoir d'agir comme bon lui semblerait.

Aussitôt Philippe assembla ses troupes et parut d'abord se diriger vers les Locriens, mais il s'empara d'Elatée, la plus grande ville de la Phocide, et par là brida les Thébains.

Bientôt cette nouvelle arriva à Athènes et y répandit l'alarme. Démosthène harangua de nouveau les Athéniens et les décida à faire alliance avec les autres Grecs à commencer par les Thébains. Cet illustre orateur ayant réussi à faire comprendre à ces deux peuples tout l'intérêt qu'ils avaient d'arrêter l'insatiable avidité de Philippe, ils réunirent alors leurs forces, se mirent en campagne et arrivèrent auprès d'Eleusis.

Cependant Philippe avait envoyé des ambassadeurs à Athènes pour l'engager à vivre avec lui en bonne intelligence, mais les Athéniens qui ne pouvaient plus se fier à sa parole, n'écoutèrent pas ses propositions, et il dût alors se mettre sur la défensive. Il entra dans la Béotie avec une armée de trente mille fantassins et deux mille cavaliers. Les deux armées campèrent près de Chéronée, le combat s'engagea et Philippe remporta la victoire. Il usa de son avantage avec beaucoup de générosité en renvoyant libres tous les prisonniers Athéniens, sans aucune rançon, en renouvelant avec les Athéniens l'ancien traité d'amitié, et en accordant la paix aux Thébains.

Après la victoire de Chéronée, Philippe se fit déclarer, dans l'assemblée des Grecs, leur général contre les Perses. Tous ses préparatifs, pour aller attaquer ce puissant royaume étaient achevés, mais avant d'entreprendre cette expédition il voulut célébrer les noces de Cléopâtre sa fille. Cette cérémonie se fit avec la plus grande magnificence, et se termina par le meurtre de sa personne. Le lendemain du repas, et lorsqu'il s'avançait sur le théâtre, au milieu des cris de joie et des applaudissements d'une multitude innombrable, tant de Macédoniens que d'étrangers, il fut tué d'un coup de poignard par Pausanias, jeune seigneur de Macédoine, pour se venger d'un affront dont il ne pouvait obtenir justice. Cet assassin fut mis en pièces sur le champ.

Ainsi mourut Philippe, âgé de 47 ans, après en avoir régné 24. Cet évènement arriva l'an du monde 3668 et avant Jésus-Christ 336.

Philippe était aussi grand capitaine que grand politique, mais sa politique consistait le plus souvent en ruses, en fraudes et en perfidies. Il était d'une vigilance et d'une activité qui ne lui laissaient aucun moment de repos et cependant il était d'un flegme et d'un sang-froid remarquables. L'histoire rapporte quelques traits de sa vie.

Un jour qu'on voulait l'obliger de chasser un honnête homme qui lui faisait quelques

11*

reproches : « Prenons garde auparavant, répondit-il, si nous ne lui en avons pas donné sujet. »

Chacune des dix tribus d'Athènes élisait tous les ans un nouveau général. Philippe plaisantait sur cette multiplicité de chefs, et disait : « Je n'ai pu en toute ma vie, parvenir qu'à trouver un seul général; mais les Athéniens ne manquent point d'en trouver à point nommé, dix tous les ans. »

Toute sa cour le sollicitait de punir les Péloponésiens qui l'avaient sifflé dans les jeux olympiques : « Que ne feront-ils point, répondit-il, si je leur fais du mal, puisqu'ils se moquent de moi après en avoir reçu tant de bien. »

Une femme le prit à la fin de son repas pour lui demander justice. Il la jugea et la condamna. Elle répondit de sang-froid : « j'en appelle. Comment, dit Philippe, de votre roi ! et à qui ? — A Philippe à jeun, répliqua-t-elle. » Cette réponse le surprit, il examina l'affaire tout de nouveau, reconnut l'injustice de son jugement, et se condamna à la réparer.

Une autre femme se présentait souvent devant lui pour le prier de vouloir bien terminer son procès; il lui répondait toujours qu'il n'avait pas le temps. Enfin un jour elle lui dit : « Mais si vous n'avez pas le temps de me » rendre justice, cessez donc d'être roi. » Il sentit la justesse de la plainte et y fit droit sur-le-champ.

Après la mort de Philippe, Alexandre, son fils, surnommé le Grand, lui succéda.

HISTOIRE D'ALEXANDRE LE GRAND.

Alexandre naquit à Pella, la première année de la cent-sixième olympiade, c'est-à-dire l'an du monde 3648, et avant Jésus-Christ 356. (La première olympiade avait commencé l'an 776 avant Jésus-Christ et chaque olympiade se renouvellait tous les quatre ans.)

Ce prince fut élevé par Aristote, l'un des plus célèbres et des plus savants philosophes de l'antiquité. Il conserva pour son maître la même amitié que pour son père; aussi, disait-il, je suis redevable à l'un de vivre, et à l'autre de vivre bien.

Dès sa plus tendre jeunesse, Alexandre faisait déjà voir son ambition et une vive ardeur pour la gloire des armes. Quand il apprenait que son père avait pris quelque ville ou gagné quelque grande victoire, il disait à ses camarades : « Mes amis, mon père prendra tout, » et ne nous laissera rien à faire. »

Alexandre était d'un caractère vif, ferme, arrêté à son sentiment, qui ne cédait jamais à la force, mais qu'on ramenait aisément au devoir par la raison. Philippe eut un jour une grande idée de son fils : on lui avait amené un cheval de bataille, nommé Bucéphale, mais il était tellement ombrageux que personne ne pouvait le monter, il avait ordonné qu'on le remmenât. Alexandre dit alors : « Quel che- » val ils perdent là, faute d'adresse et de » hardiesse! » Paraissant affligé de ce qu'on renvoyait ce cheval, son père lui permit d'en faire l'essai. Il s'approcha du cheval, lui tourne la tête au soleil, ayant remarqué que son ombre l'effarouchait, le caresse doucement de la voix et de la main et saute dessus. Après lui avoir fait parcourir une certaine distance, il revint tout fier d'avoir réduit ce cheval qui avait paru si indomptable. Philippe fut telle-

ment enchanté qu'il s'écria : « Mon fils, cher-
» che un autre royaume qui soit plus digne
» de toi, la Macédoine ne te suffit pas. »

On raconte de ce Bucéphale, que quand il était sellé et équipé pour le combat, il ne se laissait monter que par son maître. Il s'abaissait ou fléchissait les pieds de devant pour le recevoir sur son dos. On prétend que ce cheval tout percé de coups qu'il était, sauva la vie à Alexandre, et qu'après l'avoir emporté jusque dans un lieu où il fut hors de danger, il expira. Alexandre pleura la mort de son cheval, et fit bâtir en son honneur une ville qu'il appela Bucéphalie.

Alexandre n'avait que vingt ans quand il monta sur le trône, et il commença à régner la même année que Darius Codoman, roi de Perse.

Après avoir fait célébrer les obsèques de son père avec toute la magnificence possible, il s'occupa sérieusement à conserver l'empire que Philippe lui laissait; au lieu de se renfermer dans les bornes étroites de la Macédoine, ainsi que le lui conseillaient les Macédoniens, effrayés qu'ils étaient de la ligue formée par tous les peuples que Philippe avait soumis par ses conquêtes, et qui voulaient se remettre dans leur liberté. Sans perdre de temps, Alexandre marche à la tête de son armée, joint les peuples révoltés et les défait dans un grand combat. Par cette victoire il se soumit tout le pays ; il marcha ensuite contre la Grèce et passa les Thermopyles. Il entra en Béotie et alla camper devant la ville de Thèbes.

Quand il fut devant les murs de cette ville, il fallut en venir aux mains, les Thébains furent presque tous taillés en pièces, et la ville fut prise, pillée et rasée.

Alexandre conserva la liberté à tous ceux qui s'étaient opposés à la révolte, et il vendit tous les autres, dont le nombre s'éleva environ à trente mille.

Les Athéniens consternés de la ruine de Thèbes, implorèrent la clémence d'Alexandre. Ce prince leur pardonna de s'être ligués avec les autres peuples et les obligea à lui faire connaître ce qui se passerait, sinon que leur ville donnerait la loi à toute la Grèce.

Après cette première expédition, il convoqua à Corinthe une diète de tous les états et de toutes les villes libres de la Grèce, et se fit nommer généralissime contre les Perses. Ensuite il prit le chemin de la Macédoine. Quand il eût tout réglé dans son royaume, il partit pour l'Asie, laissant Antipater pour gouverner en qualité de vice-roi.

Arrivé sur les bords du Granique, fleuve de Phrygie, avec une armée peu nombreuse, les satrapes de Darius lui en disputent le passage, un combat opiniâtre s'engage, mais Alexandre par sa valeur ranime ses soldats; toutes ses troupes le suivent et bientôt il est de l'autre côté du fleuve. Tous les Perses, quoiqu'ayant une armée de plus de cent dix-mille hommes, furent enfoncés et mis en fuite. Dans ce combat, Alexandre courut risque de périr. Un noble persan était sur le point de lui décharger un coup de hache sur la tête, lorsque Clitus, l'un de ses principaux officiers, s'avança promptement, et coupa la main à l'officier persan. Dans la même action il perdit un cheval sous lui, qui fut percé d'un coup d'épée.

Alexandre montra beaucoup de grandeur d'âme, il fit partager aux Grecs l'honneur de sa victoire et particulièrement aux Athéniens

auxquels il envoya trois cents boucliers des dépouilles ennemies, et il fit mettre l'inscription suivante sur le reste du butin : « Alexan-
» dre, fils de Philippe, et les Grecs excepté
» les Lacédémoniens, ont gagné ces dépouil-
» les sur les barbares qui habitent l'Asie. »

L'heureux succès de la bataille du Granique fut suivi de la reddition des villes de Sardes, d'Ephèse, de Tralles, et de Magnésie. Alexandre marcha ensuite vers Milet, dont il se rendit maître et traita humainement les Milésiens.

Après la prise de Milet, il passa dans la Carie, pour y former le siège d'Halicarnasse. Cette place extrêmement fortifiée fut vaillamment défendue par Memnon, général de Darius, mais malgré les difficultés qui se rencontrèrent, Alexandre obligea ce général d'abandonner la place et il rasa la ville jusqu'aux fondements.

A la suite de cette conquête, Alexandre mena son armée dans la Phrygie, et il prit Gordium qui en était la capitale. Cette ville était célèbre par l'ancien séjour du roi Midas et par le fameux chariot où était attaché le nœud gordien. Ce nœud qui attachait le joug au timon, était tissu si adroitement, et le lien faisait tant de tours et de détours, qu'on ne pouvait découvrir ni où il commençait, ni où il finissait. Alexandre, informé qu'un oracle du pays avait déclaré que celui qui pourrait le délier aurait l'empire de l'Asie, eut envie de voir ce chariot, persuadé que cette promesse le regardait. Ne pouvant réussir à délier le nœud, il n'importe, dit-il, comment on le dénoue, et il le coupa de son épée. Ainsi il éluda ou accomplit l'oracle.

Cependant Darius voulant obliger Alexandre de sortir de l'Asie, avait chargé Memnon de porter la guerre en Macédoine, mais ce général étant mort peu de temps après son départ, l'entreprise échoua. La nouvelle de la mort de Memnon décida Alexandre à marcher vers les provinces de la haute Asie. Ayant franchi le défilé de la Cilicie, il fit passer toute son armée jusqu'à la ville de Tarse, sur le Cydne. La beauté des eaux de cette rivière l'ayant engagé à se baigner, quoique couvert de sueur, il fut à l'instant attaqué d'une maladie mortelle. Il dût le rétablissement de sa santé à Philippe, son médecin. Pour arrêter les progrès d'Alexandre, Darius au milieu d'un superbe appareil, accompagné de sa mère, de sa femme, de ses enfants, et à la tête d'une armée de six cent mille hommes, se mit en marche et fit avancer ses troupes vers l'Euphrate.

Alexandre informé de l'approche de Darius partit aussitôt pour aller au-devant des Perses.

Les deux armées se rencontrèrent auprès d'Issus, petite ville de la Cilicie. Un combat des plus opiniâtres s'engagea, la victoire resta long-temps sans se déclarer, mais enfin Alexandre ayant enfoncé et mis en fuite l'aile gauche des Perses où était Darius, il se replia sur la droite qu'il défit également. La déroute de l'armée des Perses devint alors générale, et la victoire fut complète du côté d'Alexandre. Au nombre des prisonniers, se trouvèrent Sysigambis, mère de Darius, sa femme, deux de ses filles, et un fils encore enfant. Alexandre traita ces princesses avec infiniment de bonté et il eut pour elles tous les égards imaginables.

Après cette victoire, Alexandre prit le chemin de la Syrie. Pendant ce voyage il reçut une lettre de Darius qui prenait le titre de roi, sans le lui donner. Ce prince fugitif, le sommait de recevoir autant d'argent qu'il voudrait, à condition qu'il lui rendrait sa mère, sa femme et ses enfants, et il lui conseillait de se contenter du royaume de ses ancêtres, sans envahir celui d'autrui. Alexandre lui répondit sur le même ton : sa lettre commençait ainsi ; « le roi Alexandre à Darius ». Après lui avoir retracé tout le mal que les Perses avaient fait aux Grecs, lui avoir rappelé qu'il avait promis mille talents à quiconque le tuerait, il lui dit qu'il lui rendrait sans rançon, sa mère, sa femme et ses enfants s'il venait se présenter à lui comme suppliant. Sa lettre finissait par ces mots ; « mais souvenez-vous » une autre fois, quand vous m'écrirez, que » vous écrivez non-seulement à un roi, mais » à votre roi. »

Toutes les villes de la Syrie et de la Phénicie s'étaient rendues à l'approche d'Alexandre, excepté la seule ville de Tyr. Lorsqu'il arriva près de cette ville, les Tyriens lui envoyèrent des ambassadeurs avec des présents et des rafraichissements pour son armée, mais il ne voulurent pas l'avoir pour maître et lui refusèrent l'entrée de leur ville.

Alexandre irrité de cet affront, résolut de les forcer par un siège. Il fit exécuter des travaux qui furent détruits une fois par les Tyriens et une autre fois par la tempête; mais enfin il parvint à surmonter tous les obstacles et à achever l'ouvrage si difficile qu'il avait entrepris, lequel consistait en une digue qui unissait le continent à la ville. Il attaqua ensuite vigoureusement la ville par terre et par mer, les assiégés se défendirent avec un courage extraordinaire, et Alexandre était sur le point de lever le siège qui durait depuis sept mois, lorsqu'il résolut de donner un dernier assaut. Plusieurs brèches ayant été faites à la muraille, et l'armée navale ayant forcé le port, les Macédoniens entrèrent de tous côtés dans la ville, et y firent un massacre horrible. Dans sa colère, Alexandre fit attacher en croix le long du rivage de la mer, deux mille hommes qui étaient restés du massacre, vendit tous les prisonniers dont le nombre s'élevait à trente mille, et il ruina entièrement Tyr.

De Tyr, Alexandre marcha à Jérusalem, pour punir les Juifs, d'avoir refusé des vivres à son armée pendant le siège de Tyr, sous le prétexte qu'ils avaient prêté serment de fidélité à Darius et qu'ils ne pouvaient pas reconnaître d'autre maître.

Quand il fut proche de cette ville, le grand prêtre ainsi que tous les sacrificateurs, revêtus de leurs habits pontificaux, allèrent au-devant de lui. Alexandre frappé de cet appareil, s'avança vers le souverain sacrificateur, le salua avec une vénération religieuse et l'embrassa. Etant arrivé à Jérusalem, il monta au temple et offrit des sacrifices à Dieu. Le grand prêtre lui montra ensuite les prophéties de Daniel où il était désigné comme devant détruire la double puissance des Perses et des Mèdes. Dans l'excès de sa joie, il accorda aux Juifs tout ce qu'ils lui demandèrent.

Au sortir de Jérusalem, Alexandre marcha vers Gaza, ville très-fortifiée de la Palestine, qui était commandée par Bétis, officier de Darius. Cet officier soutint un siége de deux mois, après lequel temps la place fut prise d'assaut. Alexandre exerça des cruautés indignes d'un roi, il fit passer dix mille hommes au fil de l'épée, et malgré la valeur et la fidélité de Bétis, il lui fit percer les talons, y fit passer une corde, et le faisant attacher à un char, il le fit traîner ainsi autour de la ville, jusqu'à ce qu'il en mourut.

Après la prise de Gaza, Alexandre se dirigea du côté de l'Egypte. En sept jours de marche il arriva devant Péluse. Les Egyptiens ayant une haine profonde contre les Perses, accoururent en foule lui tendre les bras et se soumettre à lui. Ainsi, sans aucun effort, il se vit maître de toute l'Egypte. Pendant son séjour dans ce pays, il alla visiter le temple de Jupiter Ammon, qui était à douze journées de Memphis Il poussa la vanité et l'orgueil jusqu'à méconnaître sa propre nature, en se faisant déclarer fils de ce dieu des Egyptiens. Il s'occupa aussi de faire bâtir une ville à l'embouchure canopienne du Nil, il appela cette ville de son nom, Alexandrie, et elle devint la capitale du royaume. Il la rendit en fort peu de temps une des plus florissantes du monde.

Ayant réglé toutes les affaires de l'Egypte, il partit pour aller en Orient chercher Darius. Il passa par Tyr, où il s'arrêta quelque temps, et à peine était-il parti de cette ville qu'on vint lui annoncer la mort de la femme de Darius. Il retourna sur ses pas, et fit à cette infortunée reine des funérailles très-magnifiques. Cette pompe funèbre terminée, il se remit en marche, passa l'Euphrate à Thapsaque, et poursuivit sa route vers le Tigre. Bientôt il fut près de Darius. Les deux armées s'approchèrent, celle de Darius était composée au moins de six cent mille hommes de pied et de quarante mille chevaux, et celle d'Alexandre de quarante mille hommes de pied et de sept à huit mille chevaux. Le combat s'engagea, et malgré l'immense supériorité des troupes de Darius, elles furent battues et mises en déroute; les Perses perdirent près de trois cent mille hommes, sans compter les prisonniers. Cette bataille fut appelée la bataille d'Arbelles, parce qu'elle se donna près de cette ville, et elle décida de l'empire des Perses.

Après cette célèbre victoire, Alexandre rendit grâces aux Dieux par des sacrifices magnifiques. Il se rendit ensuite à Arbelles qui lui ouvrit ses portes; de là il marcha vers Babylone, qui lui fut remise par Mazée, commandant la cavalerie de Darius, qui s'y était retiré après la bataille d'Arbelles, et il demeura long-temps dans cette ville. Lorsqu'il partit, il se dirigea vers Suze, et y arriva en vingt jours. Le gouverneur lui ayant livré la place, il trouva des sommes immenses d'or et d'argent qu'il distribua à ses troupes. Il continua sa marche vers Persépolis, ville capitale de la Perse proprement dite, sur l'Araxe, rivière d'Arménie. A son approche, la plupart des habitants avaient abandonné la ville, et lorsqu'il y entra avec sa phalange, il tua et massacra tous ceux qui étaient restés, pour venger, disait-il, les mânes des Grecs auxquels cette ville avait toujours été fatale. Il ne se contenta pas de cette barbarie, à la suite d'une partie de débauche, il brûla le palais.

Après la prise de Persépolis, Alexandre résolut de poursuivre Darius qu'il savait être arrivé à Ecbatane, capitale de la Médie. Ce prince partit dès qu'il sut qu'Alexandre venait le chercher. Cet infortuné roi ayant été trahi par Narbazane et Bessus, deux de ses principaux officiers, il fut saisi et lié avec des chaînes d'or, puis n'ayant pas voulu suivre ces traîtres qui voulaient le forcer de fuir, à l'arrivée d'Alexandre, il fut percé de dards. Alexandre informé des mauvais traitements exercés sur Darius, hâta sa marche, mais quelque vitesse qu'il mit, il n'arriva auprès de Darius qu'au moment où il expirait. Il fut sensiblement touché de l'infortune de ce prince, il détacha sa cotte d'armes, la lui jeta sur le corps, et l'ayant fait embaumer et orner son cercueil avec une magnificence royale, il l'envoya à Sysigambis pour le faire ensevelir à la façon des rois de Perse, et le mettre dans le tombeau de ses ancêtres.

La mort de Darius n'empêcha pas Alexandre de poursuivre Bessus, qui s'était retiré dans la Bactriane, où il avait pris le titre de roi et le nom d'Artaxerce. N'ayant pu l'atteindre, il retourna dans le pays des Parthes qu'il soumit. Après cela, il subjugua l'Hircanie, les Mardes, les Arriens, les Drangiens et plusieurs autres peuples.

Vers ce temps, Alexandre changea en orgueil et en débauche, la modération et la continence qui l'avaient fait admirer jusque là. Il quitta l'habillement, les mœurs et la manière de vivre des rois de Macédoine, et affecta le faste et l'orgueil des rois de Perse, en exigeant que les vainqueurs des nations se prosternassent à ses pieds.

Ce changement de conduite, fit murmurer les vieux soldats de Philippe, et pour les apaiser il les mena contre Bessus. Quand il fut arrivé dans le pays des Drances, il apprit qu'une conspiration était formée contre lui. Philotas, l'un de ses plus dévoués officiers, fut faussement accusé d'être l'auteur de cette conjuration. Ce fidèle serviteur fut mis à la question, la douleur de la torture lui fit avouer un crime dont il n'avait jamais eu la pensée, et dans l'excès de ses maux il désigna comme son complice, Parménion, son père, premier officier de la couronne et le confident intime d'Alexandre. Malgré le dévouement sans bornes de ces deux officiers et les services importants qu'ils avaient rendus à Alexandre, ils furent tous deux mis à mort. Le premier qui avait été jugé par ses ennemis les plus déclarés, fut assommé à coups de pierres, et le second fut assassiné par l'ordre d'Alexandre.

Ces deux cruelles exécutions mécontentèrent les soldats, et pour arrêter les suites de ce mécontentement, Alexandre se mit en marche et continua de poursuivre Bessus. Quelques jours après, Bessus lui fut amené lié, garotté et tout nu. Il apostropha durement ce traître, il lui dit : « Quelle rage de
» tigre s'est emparée de ton cœur,
» pour avoir osé charger de chaînes, puis
» égorger ton roi et ton bienfaiteur, retire-
» toi de devant mes yeux, monstre de perfi-
» die et de cruauté! » Quelque temps après, Alexandre assembla ses généraux ; en leur présence il fit couper le nez et les oreilles à ce parricide et il l'envoya ensuite à Ecbatane pour y souffrir le dernier supplice, sous les yeux de la mère de Darius. Il fut écartelé.

Cependant Alexandre continua d'aller en avant, arriva devant Cyropolis, dernière ville de l'empire des Perses, fondée et bâtie par Cyrus-le-Grand. Il forma le siége de cette ville, il la prit, l'abandonna au pillage et la

rasa jusqu'aux fondements parce que les assiégés avaient rejeté avec hauteur et insolence les propositions favorables qu'il leur avait fait offrir. Ensuite il vint camper près du fleuve Jaxarte, appelé aujourd'hui le Sir, et bâtit une ville qu'il nomma Alexandrie. Les Scythes qui sont au-delà de ce fleuve lui députèrent une ambassade pour lui faire des plaintes sur la construction de cette nouvelle ville. Il reçut les ambassadeurs dans sa tente, les pria de s'asseoir et ils furent long-temps à le regarder fixement sans dire mot, surpris sans doute de ce que sa mine et sa taille ne répondaient pas à sa grande renommée. Enfin, le plus ancien porta la parole et selon un historien latin, il lui dit : « Si les Dieux t'avaient
» donné un corps proportionné à ton ambi-
» tion, tout l'univers serait trop petit pour
» toi. D'une main tu toucherais l'Orient et
» de l'autre l'Occident ; et non content de
» cela, tu voudrais suivre le soleil et savoir
» où il se couche. De l'Europe tu passes dans
» l'Asie, et quand tu auras subjugué tout le
» genre humain, tu feras la guerre aux ri-
» vières, aux forêts et aux bêtes sauvages.

» Qu'avons-nous à démêler avec toi? Jamais
» nous n'avons mis le pied dans ton pays. Ne
» nous est-il pas permis d'ignorer qui tu es,
» et d'où tu viens? Apprends quelles gens
» sont les Scythes. A nos amis nous leur don-
» nons du blé provenu du travail de nos
» bœufs, et pour nos ennemis, nous les
» combattons de loin à coups de flèches, et
» de près avec le javelot.

» Mais toi, qui te vantes de venir pour
» exterminer les voleurs, tu es toi-même le
» plus grand voleur de la terre. Tu as pillé et
» saccagé toutes les nations que tu as vain-
» cues, et tu viens ici pour nous enlever nos
» troupeaux.

» Crois-moi, mets un frein à ton bonheur,
» si tu veux en demeurer maître. Si tu es un
» Dieu, tu dois faire du bien aux mortels et
» non pas leur ravir ce qu'ils ont; si tu n'es
» qu'un homme, songe toujours à ce que tu
» es. Ne pense pas que les Scythes, pour con-
» tracter une alliance, fassent aucun serment.
» Ils n'ont d'autre serment que de garder la
» foi sans la jurer. Nous nous étendons jus-
» qu'à la Thrace, et la Thrace à ce que l'on

» dit, confine à la Macédoine. Nous sommes
» tes voisins des deux côtés : vois lequel tu
» aimes le mieux, de nous avoir pour amis
» ou pour ennemis. »

Alexandre leur répondit en peu de mots qu'il userait de sa fortune et de leur conseil ; de sa fortune en continuant d'y avoir confiance, de leur conseil en n'entreprenant rien témérairement. Cependant il passa le fleuve dont le bord opposé était défendu par une armée nombreuse, il fondit sur les Scythes, les mit en fuite et leur renvoya tous leurs prisonniers. Cette conduite lui valut la soumission de ce peuple et cette guerre fut terminée.

Après toutes ces expéditions, Alexandre revint à Maracande, où il apaisa quelques mouvements qui s'étaient élevés dans le pays. Il nomma Clitus gouverneur de cette province. (Cet officier est celui qui lui sauva la vie à la bataille du Granique.) Avant de partir pour son gouvernement, Alexandre l'invita à un festin. A la fin de ce repas, étant tous les deux échauffés par le vin, Clitus fit l'éloge de Parménion et des vieux capitaines de Philippe, qui, disait-il, valaient mieux que ceux qui avaient la témérité de les décrier : il ajouta que la fin tragique de Parménion devait lui apprendre quelle récompense il devait attendre de ses services. Alexandre irrité, se leva de table et le perça d'un coup de javeline dont il mourut sur-le-champ. Ce prince se repentit beaucoup du meurtre de cet officier, et néanmoins, dans le cours de cette même année, il fit mourir Callisthène, grand philosophe, parent d'Aristote, qui était le plus homme de bien qu'il avait à sa suite. Voici à quelle occasion.

Ayant tout soumis dans la Perse, il pensa à porter la guerre aux Indes, mais avant de partir, il voulut que non-seulement on l'appelât, mais qu'on le crut fils de Jupiter. Pour se faire reconnaître comme tel, il fit un grand festin où il convia les plus grands seigneurs de sa cour et les plus qualifiés d'entre les Perses. A ce festin se trouva Cléon, l'un de ses flatteurs qui, profitant de ce que ce prince était sorti, insinua assez adroitement que par les obligations qu'on avait à Alexandre, on pouvait aisément le reconnaître pour Dieu, et que les plus sages devaient donner l'exemple.

Le philosophe Callisthène qui était du nombre des conviés, ayant pris la parole, dit qu'il estimait Alexandre digne de tous les honneurs qu'un mortel peut recevoir, mais qu'il ne fallait pas rabaisser les Dieux à la condition des mortels, ni élever un mortel à la condition d'un Dieu. Alexandre avait tout entendu et il rentra dans la salle. Il ne pardonna pas à Callisthène de s'être expliqué avec autant de liberté. Il lui supposa le crime de s'être rendu complice d'une conjuration contre sa personne; on lui fit souffrir les plus cruels tourments pour le contraindre de s'avouer coupable, et il expira en protestant toujours de son innocence.

Les mauvaises actions qu'Alexandre avait commises, excitèrent des murmures dans son armée: pour les arrêter il prit la route des Indes où son excès de vanité le conduisit. Dès qu'il fut entré dans ce pays, tous les petits rois de ces contrées vinrent au-devant de lui se placer sous son obéissance. Il continua ensuite de marcher jusqu'au fleuve Indus. Tous les rois de cette contrée lui remirent leurs états, à l'exception de Porus qui était le prince le plus puissant et le plus courageux de ce pays, qui ne voulut point se soumettre ni le reconnaître pour son maître. Pour réduire ce prince, Alexandre se trouva fort embarrassé : il fallait qu'il passât l'Hydaspe qui est un fleuve très-large, très-profond et très-rapide, dont le bord opposé était défendu par les soldats de Porus. Cependant son génie lui fit vaincre ces difficultés, et à la faveur d'une profonde obscurité, il traversa le fleuve. Porus averti de son passage vint au-devant de lui, un combat opiniâtre s'engagea et Porus fut vaincu. Ce prince parut devant Alexandre, qui lui ayant demandé comment il voulait qu'on le traitât : en roi, lui répondit Porus. Mais, ajouta Alexandre, ne demandez-vous rien d'avantage? non, répliqua Porus, tout est compris dans ce seul mot. Alexandre, touché de la grandeur d'âme de ce prince, lui laissa son royaume, et y ajouta d'autres provinces. Porus lui demeura fidèle jusqu'à la mort.

Après cette victoire, Alexandre s'avança jusqu'à l'Océan Indien ; il assujettit à son empire beaucoup de peuples et beaucoup de villes, et il se proposait de pousser ses conquêtes jusqu'au-delà du Gange. Mais les vieux Macédoniens ayant manifesté ouvertement leur intention de retourner dans leur patrie, il partit et repassa l'Hydaspe. Etant entré dans le pays des Oxidraques, (peuples des Indes) ils les battit et fit beaucoup de prisonniers. Dans le siège qu'il forma de la ville d'Oxidraque, il reçut une blessure grave et faillit perdre la vie, par son excès de témérité, en montant sur la muraille et se jetant le premier dans la place. Ayant pris la ville, il fit tout passer au fil de l'épée. Alexandre s'embarqua ensuite sur l'Acésine, rivière de la partie de l'Inde en deçà du Gange, et arriva à Patale après une navigation de neuf mois. De retour dans cette ville, il prit sa route par terre vers Babylone. En traversant la Carmanie, il fit mettre à mort tous les gouverneurs qui furent convaincus de rapine, de cruauté et d'injustice envers les peuples. Continuant son chemin, il passa par Passagarde, ville de Perse. Delà, il alla à Persépolis, et ensuite à Suze. Dans cette dernière ville il épousa la princesse Statira, fille ainée de Darius, et donna la plus jeune à Ephestion, son ami intime, et le confident de tous ses secrets. Les noces furent célébrées à la façon des Perses. A l'occasion de son mariage, Alexandre acquitta toutes les dettes de ses soldats.

Quelque temps après, pendant un séjour qu'Alexandre fit à Ecbatane, Ephestion mourut à la suite d'excès de vin et de débauche.

Enfin, Alexandre marcha vers Babylone avec toute son armée. Après une superbe entrée, il donna audience aux ambassadeurs de tous les pays du monde, qui étaient venus pour lui rendre leurs hommages, et il les reçut avec toute la dignité et tout l'air de noblesse qui conviennent à un grand roi.

Ce prince était depuis environ un an dans cette grande ville, lorsqu'un jour se trouvant dans une partie de débauche, il but avec tant d'excès, qu'il tomba sur le carreau.

Une violente fièvre le saisit, et quelques jours après il mourut.

Ce grand conquérant avait vécu trente-deux ans huit mois, et en avait régné douze. Sa mort arriva l'an 323 avant Jésus-Christ, la première année de la cent quatorzième olympiade.

Le royaume de Macédoine avait déjà duré 471 ans.

La mort d'Alexandre fit répandre des pleurs dans toutes les provinces de son empire, et les Perses surtout le regrettèrent comme le plus juste et le plus doux maître qui leur eût jamais commandé.

Le convoi de ce prince ne se fit que deux ans après sa mort, parce que ce temps fut employé à disposer les choses de façon qu'on n'ait jamais rien vu de plus riche et de plus éclatant. Enfin, l'on donna l'ordre de commencer la marche.

CONVOI D'ALEXANDRE.

On vit partir de Babylone un magnifique chariot. Le corps du chariot portait sur deux essieux qui entraient dans quatre roues faites à la mode des Perses, dont les moyeux et les rayons étaient dorés et les jantes revêtues de fer. Les extrémités des essieux étaient d'or, représentant des mufles de lions qui mordaient un dard. Le chariot avait quatre timons et à chaque timon étaient attelés quatre rangs de quatre mulets chacun, en sorte qu'il y avait pour tirer ce chariot, soixante-quatre mulets. Ils avaient des couronnes d'or et des colliers enrichis de pierres précieuses avec des sonnettes d'or.

Sur ce chariot s'élevait un pavillon tout d'or, qui avait douze pieds de large sur dix-huit de long, soutenu par des colonnes d'ordre ionique, embellies de feuilles d'acanthe. Il était orné au-dedans de pierres précieuses, disposées en forme d'écailles. Tout autour régnait une frange d'or en réseau, dont les filets avaient un doigt d'épaisseur, où étaient attachées de grosses sonnettes qui se faisaient entendre de fort loin.

Dans la décoration du dedans on voyait quatre bas-reliefs.

Le premier représentait Alexandre assis dans un char, et tenant à sa main un sceptre superbe, environné d'un côté d'une troupe de Macédoniens armés à la grecque, et de l'autre d'une pareille troupe de Persans armés à leur manière. Devant eux marchaient les écuyers du roi.

Dans le second, on voyait des éléphants harnachés de toutes pièces, portant sur le devant des Indiens, et sur le derrière des Macédoniens armés comme dans un jour d'action.

Dans le troisième, étaient représentés des escadrons de cavalerie en ordre de bataille.

Le quatrième montrait des vaisseaux tout prêts à combattre. A l'entrée de ce pavillon étaient des lions d'or qui semblaient le garder.

Aux quatre coins étaient posées des statues d'or massif, représentant des victoires, avec des trophées d'armes à la main.

Sous le pavillon, on avait placé un trône d'or d'une forme carrée, et orné de têtes d'animaux qui avaient sur leur cou des cercles d'or d'un pied et demi de largeur, d'où pendaient des couronnes brillant des plus vives couleurs, telles qu'on en portait dans les pompes sacrées. Au pied de ce trône était posé le cercueil d'Alexandre, tout d'or, et travaillé au marteau. On l'avait rempli à demi d'aromates et de parfums, tant afin qu'il exhalât une bonne odeur, que pour la conservation du cadavre. Il y avait sur ce cercueil une étoffe de pourpre brochée d'or. Entre le trône et le cercueil étaient les armes du prince, telles qu'il les portait pendant sa vie.

Le pavillon en dehors était aussi couvert d'une étoffe de pourpre à fleurs d'or. Le haut était terminé par une très-grande couronne d'or composée comme de branches d'olivier.

Après le chariot, marchaient les gens d'armes tout armés et superbement vêtus.

Le corps fut déposé d'abord dans la ville de Memphis, et de là conduit à Alexandrie. Ptolémée Ier, surnommé Soter, l'un de ses généraux, qui devint roi d'Egypte, lui construisit un temple magnifique, et lui rendit tous les honneurs que l'antiquité payenne avait coutume de rendre aux demi-dieux et aux héros.

Alexandre avait un naturel heureux et peut-être jamais prince n'eut l'esprit plus cultivé que le sien. Eloquence, poésie, belles-lettres, arts de toutes sortes, sciences les plus abstraites et les plus sublimes, tout lui devint familier. Sage, modéré, grand et élevé dans ses vues; également capable de former de grande projets et de les exécuter. Présence d'esprit, fermeté d'âme, courage, intrépidité, et plus que cela encore, une prudence consommée.

Ce prince est regardé comme le plus grand des conquérants, parce qu'il fut aussi habile à conserver ses vastes conquêtes qu'heureux à les faire. Il donna aux pays conquis des lois justes et sages, fit fleurir le commerce et protégea les arts. Mais il souilla sa gloire par des excès de débauche, par le supplice de Philotas et par l'assassinat de Parménion, deux de ses meilleurs officiers, par les tortures qu'il fit éprouver au philosophe Callisthène, et par le meurtre de Clitus, qui lui avait sauvé la vie à la bataille du Granique, et qu'il tua de sa propre main.

Après la mort d'Alexandre, l'immense empire qui était soumis à sa domination fut déchiré pendant long-temps par ses généraux. Ces officiers partagèrent d'abord les provinces et firent périr toute la famille d'Alexandre pour jouir de leur usurpation avec plus de sécurité. Bientôt la jalousie, l'ambition et le désir d'étendre leurs limites leur firent faire des guerres qui durèrent vingt-deux ans, et ne finirent que lorsqu'Antigone, l'un deux, eut été tué à la bataille d'Ipsus, en Phrygie.

Dès lors ils firent un nouveau partage en ajoutant les états d'Antigone à ceux qu'ils possédaient déjà, et ce fut par ce partage que l'empire d'Alexandre fut divisé en quatre royaumes fixes. Ptolémée-Soter garda l'Egypte où sa famille régna jusqu'à la mort de Cléopâtre, époque à laquelle Octave-César, qui prit le nom d'Auguste et qui fut le premier empereur romain, réduisit l'Egypte en province romaine, Séleucus eut la Syrie et la Perse. Lysimaque eut la Thrace, et Cassandre, fils d'Antipater, la Macédoine.

L'histoire de Ptolémée et de ses successeurs étant rapportée à l'article Egypte ; celle de Séleucus et de ses successeurs, l'étant au royaume de Syrie, et celle de Lysimaque n'ayant présenté aucun intérêt, (ce royaume ayant été démembré après la mort de ce prince, qui fut tué en Phrygie, dans une bataille que lui livra Séleucus), il reste à faire connaître les principaux événements qui se sont passés en Macédoine, sous le règne de Cassandre et de ses successeurs, jusqu'à la conquête qu'en firent les Romains.

Cassandre monta sur le trône de Macédoine,

l'an du monde 3704 et l'an 300 avant Jésus-Christ. Il avait déjà gouverné ce royaume pendant dix-neuf ans, depuis la mort de son père, Antipater. Ce prince vécut tranquillement dans ses états et mourut la quatrième année après son avènement. Il laissa trois fils qu'il avait eus de Thessalonice, sœur d'Alexandre-le-Grand, Philippe, Alexandre et Antipater. Philippe succéda à son père, mais il mourut fort peu de temps après lui, et ses deux frères se disputèrent la couronne. Alexandre, le plus jeune étant favorisé par sa mère, Antipater en conçut une telle jalousie, qu'il la tua. Pour venger la mort de sa mère, Alexandre appela à son secours Pyrrhus, roi d'Epire, et Démétrius Poliocerte, fils d'Antigone, qui régnait en Grèce. Pyrrhus arriva promptement, réconcilia les deux frères et se retira après avoir retenu quelques villes. Démétrius survint alors, Alexandre le combla d'amitié et le remercia de son secours dont il n'avait plus besoin. Pendant le séjour que Démétrius fit en Macédoine, il agit comme ami avec Alexandre, mais sur un avis qui lui fut donné qu'Alexandre pensait à se défaire de lui, il le prévint et le tua. D'abord les Macédoniens furent fort irrités de ce meurtre, mais lorsque Démétrius se fut justifié, ils le proclamèrent roi de Macédoine et il conserva cette couronne pendant sept ans. Antipater, l'assassin de sa mère, fut obligé de se réfugier dans la Thrace, où il mourut peu de temps après la perte de son royaume.

Lorsque Démétrius se crut assez affermi en Grèce et en Macédoine, il fit de grands préparatifs, pour recouvrer, en Asie, l'empire d'Antigone son père, dont il avait été dépouillé après la funeste bataille d'Ipsus. Ptolémée, roi d'Egypte, Lysimaque, roi de Thrace et Séleucus, roi de Syrie, informés de ces préparatifs, renouvelèrent leur alliance et y engagèrent aussi Pyrrhus, roi d'Epire.

Lysimaque et Pyrrhus attaquèrent aussitôt la Macédoine, chacun de leur côté. Pyrrhus prit Berée (appelée aujourd'hui Véria), une des principales villes de Macédoine. Démétrius accourut pour défendre ses états, mais il n'était plus temps, ses soldats l'abandonnèrent et passèrent au service de Pyrrhus qu'il proclamèrent roi de Macédoine. Lysimaque étant survenu, voulut avoir sa part du royaume de Macédoine, Pyrrhus y consentit et partagea avec lui les villes et les provinces. Ces deux princes ne furent pas long-temps unis, Lysimaque débaucha les troupes de Pyrrhus, et dans la crainte d'une désertion complète, celui-ci abandonna la Macédoine et retourna en Epire. Lysimaque eut pour successeur au trône de Macédoine, Ptolémée-Céraumus et Sosthène dont l'histoire ne dit rien.

Cependant Démétrius qui s'était retiré dans la ville de Cassandrie, qui d'abord avait été appelée Potidée, ville maritime de Macédoine, sur les confins de la Thrace, retourna en Grèce, il ramassa le plus de troupes qu'il put, et tenta une expédition vers l'Asie. N'ayant pas réussi dans son entreprise, il se vit abandonné de la plupart de ses troupes et se rendit à Séleucus qui le traita fort humainement. Ce prince étant mort trois ans après sa détention, Antigone son fils, surnommé Gonatas, trouva le moyen de monter sur le trône de Macédoine, et il se mit en possession de ce royaume.

Antigone devenu fort puissant, les Lacédémoniens, les Athéniens et Philadelphe, roi d'Egypte, se liguèrent contre lui, mais ces alliés n'ayant pu s'entendre, Antigone mit le siège devant Athènes qui se trouvait abandonnée à elle-même, il entra dans cette ville et y mit garnison. Antigone demeura paisible possesseur de la Macédoine, et la laissa à sa postérité qui en jouit pendant quelques générations jusqu'à Persée, le dernier roi de cette race, qui fut vaincu par Paul-Emile, consul romain, et dépouillé de ses états, dont les Romains firent dans la suite une province de l'empire.

Antigone mourut âgé de plus de 80 ans, après un règne de 34 ans en Macédoine et de 44 en Grèce. Il eut pour successeur son fils Démétrius qui régna dix ans. Ce prince laissa un fils nommé Philippe qui était en très-bas âge. On lui donna pour tuteur Antigone surnommé Doson, qui s'empara du trône et régna pendant douze ans.

Pendant le règne de ce roi, les Achéens, sous la conduite d'Aratus de Sycione, dont la petite république était renfermée dans le Péloponèse, voulant entreprendre de rétablir toutes les villes dans leur ancienne liberté et dans l'usage de leurs lois, portèrent la guerre dans les différentes contrées qui les avoisinaient. Après avoir éprouvé des pertes considérables dans un combat qu'ils soutinrent contre les Lacédémoniens, ils demandèrent du secours à Antigone-Doson et lui offrient la citadelle de Corinthe, la ville étant tombée au pouvoir de Cléomène, pour lors roi de Sparte. Antigone se mit promptement à la tête de son armée et s'avança dans la Laconie. Cléomène avança aussi et les deux armées se rencontrèrent au défilé de Sélosie. Les troupes d'Antigone chassèrent les Lacédémoniens de leurs retranchements, les mirent en déroute et Cléomène se vit contraint de se retirer à Sparte, accompagné seulement de quelques cavaliers. Antigone ne tarda pas à arriver devant Sparte dont il se rendit maître. Il traita cette ville avec bonté et la quitta trois jours après son entrée, sur la nouvelle qu'il reçut que les barbares avaient fait irruption dans la Macédoine et qu'ils y faisaient des dégâts horribles. Trois ans après, Antigone ayant remporté une grande victoire sur les Illyriens, il s'écria avec tant d'effort : « O la belle, ò l'heureuse jour-

» née! » qu'il se rompit une veine, ce qui lui occasionna la mort peu de temps après. Avant de mourir, il déclara que la couronne appartenait à Philippe.

Philippe, âgé pour lors de 14 ans, monta sur le trône, l'an 220 avant Jésus-Christ.

Quatre ans après, ce jeune prince, de concert avec les Achéens, fit la guerre aux Etoliens qu'il força par sa prudence et son habileté à demander la paix qui leur fut accordée.

Dans ce temps-là, les Carthaginois et les Romains étaient en guerre, et Annibal avait remporté trois victoires contre les Romains. Ces succès déterminèrent Philippe à conclure un traité avec le général carthaginois; dès lors il devint l'ennemi des Romains et porta la guerre en Italie. D'abord il eut quelque avantage, mais ayant été surpris pendant la nuit, il fut complètement battu et se vit obligé de s'en retourner en Macédoine avec les tristes débris de ses troupes. Ce prince, naturellement vif et ardent, mais doux et sage, avait réussi dans ses entreprises, tant qu'il s'était conduit par les avis d'Aratus, homme d'une prudence consommée et d'un rare mérite, mais suivant les conseils des flatteurs de sa cour, il négligea Aratus, et poussa l'ingratitude et la noirceur jusqu'à le faire empoisonner.

Cependant Philippe entreprit une expédition contre les Illyriens et il se rendit par ruse maître de la ville de Lissus.

Cinq ans plus tard, les Romains qui étaient toujours occupés de la guerre contre les Carthaginois, firent alliance avec les Etoliens, Attale, roi de Pergame et les Lacédémoniens, particulièrement afin que ces peuples abandonnassent Philippe, dont ils voulaient diminuer les forces pour le mettre hors d'état de secourir les Carthaginois. Philippe fut appelé par les Achéens qui le pressaient de venir les défendre et les soutenir. Ce prince ne tarda pas, il battit deux fois les troupes des alliés, mais peu de temps après il fut battu et mis en déroute sous les murs de la ville d'Elis.

Pendant cinq ans, Philippe fit quelques expéditions de peu d'importance, après quoi les Etoliens qui se voyaient négligés des Romains firent la paix avec lui. Les Romains furent peu satisfaits de ce traité, mais uniquement occupés de la guerre contre Annibal, ils dissimulèrent leur mécontentement, et firent aussi la paix avec Philippe.

Cette paix ne fut pas de longue durée, et Philippe dût à lui-même les malheurs qui lui survinrent. Ce prince, qui conservait dans son cœur de la haine et de la jalousie contre le peuple romain, avait envoyé des troupes et de l'argent à Annibal; d'un autre côté il préparait des mouvements en Asie, et paraissait vouloir se fortifier pour se rendre redoutable. Les Romains instruits de ses desseins lui déclarèrent sur le champ la guerre. Le consul Sulpitius se mit en mer avec une armée et arriva bientôt en Macédoine. Philippe, à la tête de son armée, alla au-devant du consul. D'abord il eut l'avantage dans un combat qui s'engagea, mais ensuite ses troupes furent cernées par les cohortes romaines, il en périt un grand nombre, et lui-même ne dût son salut qu'à un cavalier qui lui donna son cheval pour se sauver.

La perte de cette bataille décida les Etoliens à se déclarer en faveur des Romains.

L'année suivante, le consul Flaminius fut

chargé de la guerre de Macédoine. Philippe lui fit des propositions de paix qui ne furent pas acceptées. Il se livra alors une bataille dans laquelle les Macédoniens perdirent beaucoup d'hommes et furent contraints de prendre la fuite.

Ce nouvel échec détacha les Achéens du parti de Philippe et plusieurs autres peuples suivirent cet exemple.

Cependant Philippe espérant obtenir quelques conditions favorables, envoya un héraut d'armes à Flaminius pour lui demander une entrevue qui lui fut accordée. Les propositions qu'il fit, n'ayant pas convenu, le général romain lui fit déclarer qu'il n'accepterait plus aucun pourparler, s'il ne s'engageait à abandonner toute la Grèce. Cette déclaration blessa singulièrement Philippe, dont les affaires cependant étaient en assez mauvais état et il fit des préparatifs de guerre. Bientôt il entra en campagne et fit diriger des troupes sur les hauteurs appelées Cynocéphales, chaîne de montagnes de la Thessalie, en forme de tête de chien. Les Romains le suivirent, et un combat s'engagea; l'avantage fut tantôt du côté des Macédoniens, tantôt du côté des Romains, mais un combat général s'étant livré, l'armée de Philippe fut détruite en grande partie et il se retira à Tempé.

La perte de cette bataille qui se donna l'an 197 avant Jésus-Christ, réduisit Philippe à demander la paix et à accepter toutes les conditions imposées par le général romain. Par suite des articles du traité, Philippe fut obligé de rendre aux Romains les prisonniers et les transfuges, de livrer tous ses vaisseaux pontés, de donner mille talents (trois millions), d'en payer cinquante chaque année par forme de tribut, et de donner Démétrius son fils, pour ôtage.

Ainsi finit la guerre contre Philippe.

Ce prince vécut dès lors ignoré pendant plusieurs années, mais au bout d'environ douze ans, des plaintes ayant été portées à Rome, sur ce qu'il ne retirait pas ses garnisons de la Thrace, et qu'il avait envoyé des secours à Prusias, roi de Bithynie, qui faisait la guerre à Eumène, roi de Pergame, les Romains qui avaient beaucoup de considération pour Démétrius, fils de Philippe, qui était en otage à Rome, envoyèrent avec lui des ambassadeurs en Macédoine pour terminer tout sans bruit et sans éclat. La considération que le sénat marqua à Démétrius, excita la jalousie de Persée, son frère aîné, mais fils d'une concubine de Philippe. Ce méchant frère accusa Démétrius d'avoir voulu le faire assassiner. Philippe ayant eu la faiblesse de croire au crime de Démétrius, le fit empoisonner. Deux ans après, Philippe découvrit la fourberie de Persée, il regretta beaucoup Démétrius et proféra des imprécations contre Persée qu'il voulut priver de la couronne en désignant Antigone, neveu d'Antigone-Doson, pour son successeur. Bientôt ce malheureux prince fut atteint d'une grande maladie dont il mourut.

Depuis la découverte de son crime, Persée s'était éloigné de la cour de son père, et dès qu'il en apprit la mort, il revint promptement et se mit en possession du trône de Macédoine.

A peine monté sur le trône, il fit mourir Antigone, et se prépara pour faire la guerre aux Romains. Ceux-ci connaissant les mouvements que se donnait Persée, et le nouveau crime qu'il avait tenté de commettre, sur la personne d'Eumène roi de Pergame, en voulant lui faire avaler du poison, n'hésitèrent pas à lui faire la guerre.

Les deux armées se mirent en marche et se rencontrèrent. Une action s'engagea et tourna entièrement à l'avantage de Persée. Les Romains perdirent plus de deux mille hommes et les Macédoniens vingt cavaliers seulement et quarante fantassins. Persée ne profita pas de sa victoire, il ne poursuivit pas les ennemis qui eurent tout le temps de mettre une rivière entre eux et lui, et il envoya faire au consul des propositions de paix. Cette démarche de Persée ranima le courage des Romains, et le consul lui fit réponse qu'il n'y avait point de paix pour lui, s'il ne se remettait, lui et son royaume au pouvoir du sénat. Il y eut ensuite plusieurs rencontres qui n'eurent rien de décisif. Persée se retira dans la Macédoine et les Romains dans la Thessalie. L'année suivante Persée fit une expédition en Illyrie et il réussit à s'emparer de toutes les places fortes dans lesquelles les Romains avaient garnison. Ces succès auraient pu lui être très-avantageux s'il avait su profiter du secours de quelques princes en les indemnisant des frais de la guerre, mais son avarice le retint et il ne profita pas de cette ressource.

Cependant les Romains, sous la conduite de Marcius, alors consul, quittèrent la Thessalie et s'avancèrent dans la Macédoine. Persée ayant appris cette nouvelle pendant qu'il était au bain, en fut tellement effrayé qu'il quitta précipitamment la ville de Dium, où il tenait alors sa cour. Le consul entra dans cette ville, mais il la quitta bientôt, manquant de vivres. Persée reprit alors Dium et il fit de nouveaux préparatifs pour soutenir la guerre. Sous le consulat de Marcius, il ne se passa rien de bien sérieux. Paul-Emile remplaça Marcius. Ce général romain prit toutes les sages mesures que lui suggérait sa prudence pour terminer glorieusement la guerre; de son côté Persée qui prévoyait le danger dont il était menacé, acheta, malgré son avarice, l'alliance du roi d'Illyrie et il fit venir d'au-delà du Danube un corps de troupes gauloises, composé de dix mille cavaliers et d'autant de fantassins, ayant promis dix pièces d'or à chaque cavalier, cinq à chaque fantassin et mille à leurs capitaines. Quand ces troupes furent arrivées, Persée ne s'étant pas acquitté de ses promesses, les Gaulois s'en retournèrent sur-le-champ et il fut ainsi privé de ce secours qui aurait pu lui être de la plus grande utilité et peut-être lui conserver sa couronne qu'il perdit peu de mois après.

Bientôt les hostilités commencèrent, les troupes ds Persée furent battues et mises en déroute par Scipion-Nasica. Cette défaite effraya Persée qui se retira sous les murs de Pydna, où il se prépara à donner une bataille. Paul-Emile le suivit, et il s'arrêta lorsqu'il vit la bonne disposition des Macédoniens et pour faire rafraîchir ses troupes qui étaient épuisées par une longue et pénible marche. Enfin le combat s'engagea, la phalange macédonienne se distingua par sa valeur, mais elle fut enfoncée et mise en désordre; Persée perdit cette bataille qui décida de son sort et il s'enfuit abandonnant son armée. Peu de temps après il se remit lui-même au pouvoir du préteur Octavius qui le fit conduire à Paul-Emile.

Ainsi se termina la guerre de Macédoine entre les Romains et Persée, l'an 168 avant Jésus-Christ. Persée avait régné onze ans, et avec lui finit le royaume de Macédoine, si illustre tant dans l'Europe que dans l'Asie.

Ce prince eut la honte de servir d'ornement au triomphe du vainqueur; il ne survécut pas long-temps à ses malheurs, et mourut, dit-on, en s'abstenant de manger.

La conquête de la Macédoine ne fut pas immédiatement suivie de la réduction de ce royaume en province romaine, ce ne fut que vingt ans après qu'il passa entièrement sous la domination romaine.

Pendant ce temps, quelques aventuriers se disant fils de Persée, prétendirent avoir des droits à la couronne de Macédoine, ils entreprirent des guerres qui ne leur réussirent pas, et les Romains les réduisirent.

Deux ans après, l'an 146 avant Jésus-Christ, époque de la destruction de la ville de Corinthe, par le consul Mummius, toute la Grèce fut soumise à l'empire romain et devint une province sous le nom d'Achaïe.

ÉPIRE.

L'Epire est séparée de la Thessalie et de la Macédoine, par le mont Pindus, et par les monts appelés Acrocenaurii. Les plus puissants de ces peuples étaient les Molosses. Les autres peuples les plus connus sont les Chaoniens; les Thesprotiens dont la ville est Buthrote, où était le palais et la demeure de Pyrrhus; les Acarnaniens, dont la ville est Ambracie, qui donne son nom au golfe sur lequel elle est située :(on l'appelle aujourd'hui, et son golfe, Larta, ville très-commerçante.) Il y avait dans l'Epire deux petites rivieres, fort connues dans la fable, le Cocyte et l'Achéron.

Ce royaume ayant eu de la célébrité à cause de Pyrrhus, il est intéressant de faire connaître les principaux traits de la vie de ce guerrier.

HISTOIRE DE PYRRHUS.

Pyrrhus était fils d'Eacide, que les Molosses

dans une révolte, avaient chassé du trône. Ce prince encore à la mamelle, fut sauvé des mains des révoltés, et conduit en Illyrie à la cour du roi Glausias qui le prit sous sa protection. Dès qu'il eût atteint l'âge de douze ans, ce prince le ramena en Epire avec une puissante armée, et le rétablit dans ses états.

Cinq ans après, étant retourné en Illyrie, les Molosses se révoltèrent encore et donnèrent la couronne à Néoptolème son grand oncle. La perte de son royaume le décida à se retirer auprès de Démétrius, fils d'Antigone, surnommé Poliorcète, qui avait épousé sa sœur. Après la bataille d'Ipsus, où il s'était distingué par sa bravoure, il eût la générosité d'aller pour Démétrius en otage en Egypte.

Son séjour à la cour de Ptolémée lui fut très-favorable; ayant su par ses manières gagner l'amitié de ce prince, il lui donna en mariage la fille de sa femme favorite et lui accorda une flotte et de l'argent qui lui servirent à rentrer dans ses états.

Trois ans après, Antipater et Alexandre, fils de Cassandre, se querellaient pour la succession au trône de Macédoine, Pyrrhus fut appelé comme arbitre : il entra en Macédoine, réconcilia les deux frères et se retira. Sept ans plus tard il se ligua, avec Ptolémée, Lysimaque et Séleucus, contre Démétrius son beau-frère, qui s'était rendu maître de la Macédoine après avoir tué Alexandre qui en était roi, et qui faisait de grands préparatifs pour recouvrer l'empire de son père en Asie. Il entra sur le champ en campagne et s'empara de Bérée une des plus considérables villes de Macédoine. (On l'appelle aujourd'hui Véria). La prise de cette ville causa un désordre général dans l'armée de Démétrius et elle entra au service de Pyrrhus qu'elle proclama roi de Macédoine. Démétrius se sauva en Grèce.

Lysimaque, qui de son côté attaquait aussi la Macédoine, arriva dans le moment que Pyrrhus venait d'être proclamé roi de Macédoine. Il voulut avoir sa part du royaume, et ils partagèrent entre eux les villes et les provinces. Cependant Lysimaque, par ses intrigues réussit à débaucher les troupes Macédoniennes qui s'étaient données à Pyrrhus : celui-ci se retira avec ses Epirotes, et perdit ainsi la Macédoine de la même manière qu'il l'avait gagnée.

Plusieurs années après son retour en Epire, Pyrrhus dont le caractère ne lui permettait pas de mener une vie tranquille, reçut avec la plus grande joie, la proposition qui lui fut faite par les Tarentins de se mettre à leur tête, pour se défendre contre les Romains, avec les quels ils étaient pour lors en guerre. Il eut bientôt fait tous ses préparatifs, et fit voile. Dès qu'il eut gagné la pleine mer, il s'éleva une si violente tempête que sa galère était sur le point de s'entrouvrir. Dans cette extrémité, il se jeta dans la mer; ses amis et ses gardes imitèrent son exemple, et il fut jeté le lendemain sur le rivage. Ayant rassemblé ceux de sa suite, qui s'étaient échappés du naufrage, et il marcha avec eux à Tarente.

Lorsque Pyrrhus fut arrivé dans cette ville, il parla et agit en maître, Il fit prendre les armes aux habitants qui étaient en âge de servir, et par sa sévérité, il rétablit le bon ordre et la discipline, et forma promptement de bons soldats.

Instruit que les Romains s'avançaient contre lui, il se mit en campagne, et leur fit proposer de terminer à l'amiable les différends qu'ils avaient avec les Grecs d'Italie, en le prenant pour juge et pour arbitre. Le consul lui fit répondre : « que les Romains ne le » prenaient pas pour arbitre, et ne le crai- » gnaient point pour ennemi. »

Dès lors Pyrrhus s'avança, et alla camper sur le Siris, (rivière qui arrose le territoire d'Otrante, dans le royaume de Naples). Les Romains ayant passé la rivière, marchèrent contre lui, il serra ses rangs et commença l'attaque. Le combat fut très-opiniâtre et la victoire long-temps douteuse, enfin, après être revenus les uns et les autres sept fois à la charge, elle se déclara en faveur de Pyrrhus, qui combattit en personne avec beaucoup de vaillance.

Cette première défaite des Romains loin d'abattre leur courage, les décida à se préparer à une seconde action. Pyrrhus leur envoya une ambassade pour leur demander s'ils voulaient entendre quelque voie d'accommodement, mais le sénat Romain lui répondit, qu'il commençât par sortir de l'Italie, et que tant qu'il serait en armes dans leur pays, les Romains lui feraient la guerre de toutes leurs forces, quand même il aurait battu dix mille Lévinus.

Cependant Pyrrhus tenta encore une fois d'obtenir la paix en renvoyant aux Romains les prisonniers qu'il avait faits. Cette générosité ne lui réussit pas mieux, le sénat les renvoya avec ordre, sous peine de mort, de se rendre auprès de Pyrrhus.

L'année suivante, le consul Fabricius qui avait pris le commandement de l'armée Romaine, écrivit à Pyrrhus que son médecin lui offrait de l'empoisonner, et l'avertit de se précautionner contre cette noire perfidie. Ce vertueux consul lui donna cet avis non-seulement pour qu'il ne crut pas qu'il aurait recours à la trahison, mais encore pour lui faire comprendre qu'il voulait terminer cette guerre par son courage et celui de ses soldats.

A la réception de cette lettre, Pyrrhus fit punir son médecin, puis il se mit en marche et attaqua les Romains près de la ville d'Asculum, dans le royaume de Naples. Il les vainquit et fut blessé dans la mêlée, mais cette victoire lui coûta beaucoup d'hommes, ce qui lui fit dire à quelqu'un qui l'en félicitait : « si nous en remportons encore une pareille, nous sommes perdus sans ressources. »

Pendant que Pyrrhus s'occupait des moyens de soutenir glorieusement la guerre, il lui arriva fort à propos, des députés de Sicile, qui vinrent lui remettre entre les mains Syracuse, Agrigente, la ville des Léontins, et le prier de venir chasser les Carthaginois de leur île, et la délivrer des tyrans. Il passa au plutôt en Sicile, ruina la domination des Carthaginois, et les réduisit à la seule ville de Lylibée. Ces succès enflèrent tellement le cœur de Pyrrhus, qu'il changea sa douce domination en une violente tyrannie, de telle sorte qu'il ne voyait plus que révoltes prêtes à éclater. Ayant reçu des lettres d'Italie qui l'engageaient à venir au secours de ses alliés, il abandonna aussitôt la Sicile et s'embarqua pour l'Italie. Après son départ, l'île retourna à ses anciens maîtres.

Dès qu'il fut arrivé en Italie, il marcha à grandes journées contre les Romains qui étaient campés dans le pays des Samnites. Le consul Manlius-Curius vint au-devant de lui, le battit, et remporta une victoire décisive.

La perte de ce combat détruisit toutes les espérances de Pyrrhus, et après six années de guerres, il fut contraint de repasser en Epire, emmenant seulement avec lui huit mille hommes de pied et cinq cents chevaux. Ne pouvant faire subsister ses troupes parce que l'argent lui manquait, il chercha la guerre pour fournir à leur entretien. Il se jeta dans la Macédoine, mit en fuite Antigone-Gonatas qui en était roi, et s'empara de toutes les villes de ce royaume.

Deux ans après, sollicité par Cléonyme qui prétendait avoir été privé du trône de Lacédémone, il marcha contre Sparte. Arrivé devant cette ville, il ne profita pas du trouble qu'occasionna sa présence. Il remit l'attaque au lendemain, mais les Lacédémoniens, revenus de leur frayeur, se défendirent avec beaucoup de courage et d'ardeur, et il fut obligé de renoncer à son entreprise. Il quitta cette contrée, et se dirigea sur Argos. Pendant qu'il était en marche, il fut surpris par

Aréus, roi de Sparte, qui lui tailla en pièces les Gaulois et les Molosses, qui faisaient son arrière-garde. Ptolémée son fils périt dans ce combat, et ses troupes se débandèrent et prirent la fuite. Pyrrhus informé de cette nouvelle, le cœur plein de douleur, de colère et de vengeance, fond avec sa cavalerie des Molosses sur celle de Lacédémone, en fait le plus grand carnage, tue de sa propre main Evaleus, général de la cavalerie de Sparte et massacre sans pitié tous les Lacédémoniens qui défendaient leur général. Dans cette action, il fut d'une intrépidité qui surpassa tout ce qu'il avait fait jusqu'alors.

Après ce grand combat et les funérailles de son fils, il continua sa route. Lorsqu'il fut arrivé devant Argos, il s'arrêta. La nuit venue, il entra dans la ville avec une partie de ses troupes, et il eut le temps de s'emparer de la place.

Les Argiens se retirèrent dans la forteresse, et appelèrent à leur secours Antigone qui arriva dans la nuit. Le roi Aréus arriva aussi dans Argos avec une troupe de Crétois et de Spartiates. Pyrrhus surpris de voir tant d'ennemis, perdit toute espérance, et ne songea plus qu'à se retirer. Dans sa retraite il se trouva engagé dans une rue étroite qui conduisait à la porte ; les ennemis le poursuivant vigoureusement, la confusion devint générale. Comme il combattait en désespéré, un simple soldat l'approcha, et lui donna un grand coup de javeline au travers de la cuirasse. Pyrrhus tourna aussitôt contre ce soldat qui était fils d'une femme d'Argos même. Cette mère, qui, comme beaucoup d'autres, regardait le combat de dessus le toît d'une maison, effrayée du danger que courait son fils, prit à deux mains une grosse tuile, et la jetta sur Pyrrhus. Elle lui tomba sur la tête ; son casque n'ayant pu parer le coup, il perdit connaissance et tomba de cheval. Bientôt après un soldat le reconnut, et l'acheva en lui coupant la tête.

Ainsi mourut Pyrrhus à l'âge de 42 ans.

Antigone lui fit rendre des honneurs magnifiques. Après s'être rendu maître de l'armée de Pyrrhus, il traita avec beaucoup de bonté et de générosité Hélénus son fils et le renvoya en Epire.

Hélénus monta sur le trône de son père, et régna après lui quelque temps en Epire, qui fut réunie à l'empire romain, lorsque la Macédoine fut réduite en province romaine. Pyrrhus est considéré dans l'histoire comme un très-grand capitaine, sachant très-bien prendre ses postes, ranger ses troupes et s'attacher le cœur de ses soldats. Dans les combats, on le comparait à Alexandre pour l'intrépidité et l'ardeur martiale, mais il n'avait aucune règle dans ses entreprises, agissait souvent sans prudence et changeait de résolution avec une légèreté qui marquait peu de jugement.

L'histoire des principaux événements qui se sont passées dans la Grèce étant épuisée, puisque nous avons vu les Romains s'emparer successivement de toutes les parties qui composaient cette partie du monde, la suite se rattache naturellement à l'histoire romaine; néanmoins il est intéressant de faire connaître les coutumes des habitants de cette contrée si célèbre dans l'antiquité, de même, que les savants en tous genres qui s'y sont illustrés et qui feront long-temps la gloire de cette nation, toute réduite qu'elle est à un état d'abaissement qui tient presque à la servitude.

COUTUMES DES GRECS.—ÉDUCATION D'ATHÈNES. — CARACTÈRE DES ATHÉNIENS.

Dans les commencements des divers établissements de la Grèce, le gouvernement, établi chez tous les peuples qui la composaient, était monarchique ; mais peu à peu les hommes, mécontents des princes qui les gouvernaient, éprouvèrent le désir de vivre en liberté et introduisirent partout, excepté en Macédoine, un gouvernement républicain qui, cependant, était varié selon le caractère et le génie de chacun des peuples.

La différence de lois et de coutume, n'empêchait pas les citoyens de toutes les parties de la Grèce de se réunir pour ne former qu'un seul corps, lorsqu'il fallait défendre les intérêts de la patrie contre un ennemi qui voulait en devenir le maître ou qui voulait les priver de cette liberté qui leur était si chère. C'est ainsi qu'ils réunirent toutes leurs forces contre la puissance formidable des Perses qu'ils firent trembler plusieurs fois, en résistant à leurs armées innombrables.

Parmi les villes de la Grèce, Sparte et Athènes se distinguèrent particulièrement, et eurent alternativement l'empire sur tous les autres peuples qui leur reconnaissaient un mérite supérieur au leur. Thèbes leur disputa cet honneur, mais ce ne fut que pendant quelques années.

Tout ce qui concerne les Spartiates étant déjà rapporté, on ne pourrait ici que répéter ce qui a été dit sur cette superbe république.

L'éducation d'Athènes était moins dure que celle de Sparte, mais les Athéniens n'avaient pas moins de courage que les Spartiates. La rivalité qui existait chez ces deux peuples, les excitait à faire chaque jour de nouveaux efforts pour l'emporter. Pour entretenir le courage des Athéniens, on donnait des récompenses et des marques d'honneur à ceux qui s'étaient distingués dans les combats; on érigeait des tombeaux aux citoyens qui étaient morts pour la défense de la patrie, on prononçait des oraisons funèbres en public pour rendre leur nom immortel, et la république se chargeait de la nourriture et de la subsistance des vieillards, des veuves et des orphelins qui avaient besoin de ses secours.

Les Athéniens avaient beaucoup de vivacité, de finesse d'esprit, et particulièrement un goût exquis pour tous les arts et toutes les sciences, aussi l'école d'Athènes était-elle la maîtresse de l'univers et sert-elle encore aujourd'hui de modèle à toutes les nations.

Indépendamment des savants qui honoraient la Grèce, il existait dans cette contrée des monuments remarquables qui méritent d'être cités.

MONUMENTS CÉLÈBRES DE LA GRÈCE.

La Grèce renfermait quatre principaux temples. Le premier est le temple de Diane à Ephèse. Cet édifice qui a passé pour une des sept merveilles du monde, a été détruit par un nommé Erostrate, qui y mit le feu le jour même de la naissance d'Alexandre-le-Grand. Il fut rebâti dans la suite avec plus de magnificence encore que le premier.

Le second est celui d'Apollon dans la ville de Milet.

Le troisième est le temple de Cérès et de Proserpine à Eleusis. Ce bâtiment était d'une grandeur extraordinaire, capable de contenir trente-mille personnes.

Le quatrième est le temple de Jupiter-Olympien à Athènes. Il avait été commencé par Pisistrate, et fut achevé trois cents ans après par un citoyen romain nommé Cossutius, très-habile architecte. — Cet édifice était estimé tel qu'il y en avait peu qui en pussent égaler la magnificence.

Ces superbes constructions, ainsi que les portiques et les statues érigées à Athènes sous le gouvernement de Périclès, qui firent l'admiration des peuples voisins, sont cependant placées après le beau et magnifique port du Pyrée, fortifié par Thémistocle, et que Périclès joignit à la ville par un fameux mur dont la longueur était de deux lieues.

SCULPTURE.

La sculpture a pris naissance dans l'Asie et dans l'Egypte, mais c'est la Grèce qui l'a mise en honneur et qui l'a fait paraître avec éclat.

Les sculpteurs qui se sont le plus distingués sont : Phidias, Polyclète, Lysippe, Praxitèle, Scopas.

Phidias était d'Athènes, et il est placé à la tête des sculpteurs, non-seulement à cause de son talent de statuaire, mais encore par toutes les connaissances dont il avait su orner son esprit. Périclès l'avait fait directeur et comme surintendant des bâtiments de la république.

Parmi les ouvrages qui lui ont fait le plus de réputation, on cite particulièrement un Jupiter Olympien qui était un prodige de l'art. Cette statue était d'or et d'ivoire, et fit le désespoir de tous les statuaires qui vinrent après. Ceux qui la voyaient, saisis d'étonnement, demandaient si le dieu était descendu du ciel en terre pour se faire voir à Phidias, ou si Phidias avait été transporté au ciel pour contempler le dieu. Cette statue mit le comble à sa gloire, et il termina ses travaux par ce grand chef-d'œuvre.

Polyclète était de Sicyone, ville du Péloponèse. Il fit une statue d'airain qui représentait un fort beau jeune homme, laquelle fut vendue cent mille écus. Son plus beau morceau fut celui d'un doryphore, (on appelait ainsi les gardes du roi de Perse), où il rencontra si heureusement toutes les proportions du genre humain, qu'elle fut appelée la règle.

Lysippe était de Sicyone et vivait du temps d'Alexandre-le-Grand. L'ouvrage qui a fait le plus d'honneur à ce sculpteur, est la statue d'un jeune homme qui se frotte en sortant du bain.

Praxitèle travaillait principalement sur le marbre. Ses deux principaux chefs-d'œuvre sont un Satyre et un Cupidon.

Scopas était de l'île de Paros. On place parmi ses ouvrages les plus remarquables, une Vénus qui fut portée à Rome.

PEINTURE.

Les Egyptiens se disent les inventeurs de la peinture, mais c'est dans le sein de la Grèce qu'elle s'est perfectionnée.

Les peintres qui ont eu le plus de réputation, sont : Zeuxis, Parrhasius, Apelles et Protogène. Zeuxis, était natif d'Héraclée. Par ses nombreux et excellents ouvrages, il acquit une grande réputation et de grandes richesses.

Il avait plusieurs rivaux, entre autres Parrhasius qui lutta avec lui pour le prix de peinture. Zeuxis avait fait un tableau où il avait si bien peint des raisins, que dès qu'il fut exposé, les oiseaux s'en approchèrent pour en béqueter les fruits. Il demanda à Parrhasius à faire voir ce qu'il avait fait. Celui-ci produisit sa pièce, couverte comme il semblait, d'une étoffe délicate en manière de rideaux. Tirez ce rideau, ajouta Zeuxis, et que nous voyons ce beau chef-d'œuvre. Ce rideau était le tableau même, Zeuxis avoua qu'il était vaincu ; car, dit-il, je n'ai trompé que des oiseaux, et Parrhasius m'a trompé moi-même, qui suis peintre.

Le dernier tableau de Zeuxis fut le portrait d'une vieille qui s'ajustait au miroir : cet ouvrage le fit tant rire qu'il en mourut.

Parrhasius excellait dans ce qui regarde les mœurs et les passions de l'âme. Le chef-d'œuvre de ce peintre était le tableau représentant Iphigénie sur le point d'être immolée au salut de la patrie.

Apelles était de l'île de Cos. Ce célèbre peintre joignait à son grand talent, la politesse, la connaissance du monde, les manières douces, insinuantes et spirituelles. Il disait son sentiment sur les ouvrages des autres avec beaucoup de liberté, mais il recevait également celui des autres.

Il exposait toujours ses ouvrages à la censure du public et se tenait ordinairement caché derrière sa toile pour entendre dire les défauts. Un jour un cordonnier ayant trouvé qu'il manquait quelque chose à une sandale, le dit librement. Apelles corrigea le défaut qu'il avait reconnu juste. Ce cordonnier repassant le lendemain, s'aperçut que la faute avait été corrigée, et se permit de censurer aussi une jambe à laquelle il n'y avait rien à redire. Apelles sortit aussitôt de derrière sa toile, et lui dit de se renfermer dans son métier et dans ses sandales ;

C'est ce qui donna lieu au proverbe:

> Savetier
> Fais ton métier,
> Et garde-toi surtout d'élever ta censure
> Au-dessus de la chaussure.

Apelles passe pour avoir trouvé le premier l'art du profil, en peignant Antigone de la sorte, pour cacher la difformité d'un œil qu'il avait perdu.

Cet habile peintre était souvent visité par Alexandre-le-Grand, et il fit plusieurs portraits de ce conquérant dont un le représentait la foudre à la main. A la vue de ce tableau, ce prince dit qu'il comptait deux Alexandre, l'un de Philippe qui était invincible, l'autre d'Apelles qui était inimitable.

Son chef-d'œuvre était sa Vénus, surnommée Anadyamène, c'est-à-dire qui sort de la mer.

Protogène était de Canne, ville située sur la côte méridionale de l'ile de Rhodes, dont elle dépendait. Le plus fameux tableau de ce peintre est l'Ialyse; c'était un grand chasseur, fils ou petit-fils du soleil, et fondateur de Rhodes. Il fit un autre tableau qui fut fort renommé ; c'était un Satyre appuyé contre une colonne.

POÉSIE.

De tous les poètes grecs, Homère est placé au premier rang ; il est reconnu pour le plus grand des poètes, par les hommes les plus savants et les plus forts génies. Il a composé deux poèmes épiques, savoir : l'Iliade et l'Odyssée, dont le premier a pour sujet la colère d'Achille, si pernicieuse aux Grecs, et l'autre les voyages et les aventures d'Ulysse après la prise de la ville de Troie.

Pindare, Sophocle, Euripide, se sont aussi illustrés.

Pindare est placé au premier rang parmi les poètes qui se sont distingués dans la poésie lyrique. Horace, illustre poète latin, ne craint pas de dire qu'on ne peut, sans témérité, prétendre l'égaler.

Sophocle et Euripide parurent ensemble, et illustrèrent beaucoup le théâtre Athénien par des pièces également admirables, quoique d'un style bien différent. Le premier était grand, élevé, sublime : le second, tendre, touchant, et rempli de maximes excellentes pour les mœurs et pour la conduite de la vie.

D'autres poètes ont encore acquis une certaine réputation. Archiloque, natif de Paros, inventa les vers iambiques, et porta ce genre de poésie, à une grande perfection. Sapho, femme d'un rare mérite, était de Mitylène, ville de Lesbos. Elle inventa le vers saphique, (vers de onze syllabes) et composa plusieurs pièces qui lui firent beaucoup d'honneur.

Mimnermus était contemporain de Solon, législateur d'Athènes. Il est considéré comme l'inventeur du vers élégiaque, qui exprime la tristesse.

HISTORIENS.

Hérodote, natif d'Halicarnasse, ville de Carie, vint au monde quatre ans avant la descente de Xerxès dans la Grèce, l'an 484 avant Jésus-Christ. Ce célèbre écrivain s'est principalement occupé de l'histoire des Grecs et des Perses. Obligé de fuir son ingrate patrie, il vint mourir à Thurium, ville de la grande Grèce.

Thucydide naquit treize ans après Hérodote. Cet écrivain s'occupa de l'histoire de la guerre du Péloponèse, et la conduisit jusqu'à la vingt-unième année inclusivement.

Xénophon était natif d'Athènes. Il fut grand philosophe, grand historien, grand général. La retraite des dix mille, lors de la guerre entre le jeune Cyrus et son frère, Artaxerce-Mnémon, sous la conduite de cet habile citoyen, a rendu son nom célèbre à jamais. Il a écrit les six dernières années de la guerre du Péloponèse.

Polybe était de Mégalopolis, ville du Péloponèse, dans l'Arcadie. Cet historien a écrit l'histoire universelle, et il s'est particulièrement attaché à rendre la vérité dans tout son jour. C'est lui qui a établi cette maxime célèbre, que la vérité est à l'histoire ce que les yeux sont aux animaux.

Diodore fut appelé Diodore de Sicile, parce qu'il était d'Agyrium, ville de Sicile, et pour le distinguer de plusieurs autres écrivains de ce nom. Son ouvrage a pour titre, Bibliothèque historique.

Denys était d'Halicarnasse, patrie d'Hérodote. Cet historien a fait un ouvrage intitulé les Antiquités romaines. Il commence à la plus ancienne origine de Rome, et termine au commencement de la première guerre punique qui éclata entre les Romains et les Carthaginois, l'an 266 avant J.-C.

Plutarque était de Chéronée, ville de Béotie. Il naquit cinq ou six ans avant la mort de l'empereur Claude, l'an 48 avant J.-C.

La partie des ouvrages de Plutarque la plus estimée, est celle qui comprend les vies des hommes illustres, grecs et latins.

ORATEURS.

Parmi les orateurs grecs, on cite Périclès, Lysias, Isocrate, Démosthènes, Eschine, Démétrius de Phalère.

Périclès est le premier qui fit naître à Athènes le goût de la saine et parfaite éloquence, il la porta tout d'un coup à un très-haut degré de perfection.

Lysias était né à Athènes, il excella dans le genre d'éloquence simple et tranquille.

Isocrate vint au monde vingt-deux ans après Lysias. Il ouvrit à Athènes une école d'éloquence pour instruire la jeunesse. Isocrate vécut jusqu'à quatre-vingt-dix-huit ou cent ans, et mourut du chagrin que lui fit éprouver la défaite des Athéniens par Philippe, à la bataille de Chéronée.

Démosthène était d'Athènes, il s'appliqua avec tant de soin à l'étude, qu'il parvint au plus haut degré de perfection pour l'éloquence et particulièrement pour les harangues. Tous ses discours avaient tant de force et de sublimité de pensées, que plus d'une fois ils entraînèrent les Athéniens à se défendre avec vigueur contre les entreprises de Philippe, roi de Macédoine.

Dans sa jeunesse, Démosthène avait un bégaiement très-considérable. Pour corriger ce défaut, il fit des efforts incroyables et parvint à se guérir parfaitement en mettant dans sa bouche de petits cailloux, et prononçant ainsi plusieurs vers de suite et à haute voix, sans s'interrompre, et cela même en marchant et en montant par des endroits rudes et escarpés.

Pour s'accoutumer aux cris tumultueux des assemblées, et n'en être point déconcerté, il allait sur le bord de la mer, dans le temps que les flots étaient le plus violemment agités, et il y prononçait des harangues.

Cet illustre orateur termina sa carrière en avalant du poison, pour ne pas être exposé à la vengeance d'Antipater, gouverneur de la Macédoine après la mort d'Alexandre, qui s'était rendu maître d'Athènes.

Eschine est placé après Démosthène. Cet orateur n'avait pas tant d'énergie, cependant ses discours étaient ornés de magnifiques figures qu'il assaisonnait de traits vifs et piquants.

Démétrius de Phalère commença à corrompre l'éloquence en employant un style orné, fleuri, élégant, mais qui n'avait pas cette force et cette énergie qui faisaient la beauté et la solidité des discours des autres orateurs.

Après lui, l'éloquence tomba par degrés du beau et du parfait dans le médiocre, et du médiocre à toutes sortes d'excès et de défauts.

PHILOSOPHES.

La Grèce a donné de fameux philosophes, au nombre desquels on cite particulièrement Thalès, Pythagore, Socrate, Platon, Aristote, Diogène.

Thalès était de Milet, ville d'Ionie ; il vint

au monde la première année de la trente-cinquième Olympiade, l'an 639 avant J.-C.

Ce savant avait appris en Egypte, sous les prêtres de Memphis, la géométrie, l'astronomie et la philosophie, et il se distingua surtout dans l'astronomie. Un jour, pendant qu'il était fort occupé à contempler les astres, il se laissa tomber dans une fosse ; une bonne vielle lui dit alors : « Comment pourriez-vous connaître ce qui se fait dans le ciel, puisque vous ne voyez pas ce qui est proche de vos pieds ?

Thalès a été mis au nombre des sept sages de la Grèce.

Pythagore était de l'île de Samos dans la mer d'Ionie ; il vivait l'an 564 avant Jésus-Christ.

Il visita l'Egypte sous le règne d'Amasis : dans le séjour qu'il y fit, il fut initié à tous les mystère. Il alla ensuite dans la Chaldée et l'Asie mineure, y puisa une infinité de connaissances, et revint après à Samos qu'il quitta presque aussitôt, à cause du gouvernement tyrannique qu'il y trouva établi par Polycrate. Il alla s'établir à Crotone, ville d'Italie, dans la grande Grèce, et y enseigna la philosophie. Par son talent, il répandit le goût de l'étude et l'amour de la sagesse. Son école était composée de quatre à cinq cents disciples auxquels il ne permettait de parler qu'après cinq ans de noviciat. Leur respect était tel pour leur maître, que pour assurer qu'une chose était vraie, ils se contentaient de dire: « le maître l'a dit. »

Ce grave philosophe avait des maximes admirables sur la morale, cependant il croyait à la métempsycose, c'est-à-dire à la transmigration des âmes d'un corps dans un autre. Il avait puisé cette doctrine en Egypte.

Socrate naquit à Athènes, l'an 471 avant J.-C. Les circonstances de la vie et de la mort de ce philosophe, sont dignes d'une attention particulière, et méritent d'être rapportées avec un peu d'étendue.

Socrate, dès sa plus tendre jeunesse, se fit remarquer par la beauté de son esprit et une rare capacité. Il s'accoutuma de bonne heure à une vie sobre, dure, laborieuse, et à mépriser les richesses.

Quoiqu'il fut très-pauvre, il n'accepta jamais aucun salaire de ses instructions.

Ce philosophe était d'une tranquillité d'âme que nul accident, nulle perte, nulle injure, nul mauvais traitement ne pouvaient altérer. Il ne se laissait jamais emporter par la colère. Se sentant de l'émotion contre un esclave : « Je te frapperais, dit-il, si je n'étais en colère. » Ayant reçu un soufflet, il se contenta de dire en riant : « Il est fâcheux de ne savoir pas quand il faut s'armer d'un casque. »

La patience de ce philosophe fut souvent mise à de rudes épreuves par Xantippe, sa femme, d'une humeur bizarre, violente et emportée. Un jour après l'avoir accablé d'injures, elle lui jeta un pot d'eau sale sur la tête ; il ne fit qu'en rire, disant qu'il fallait bien qu'il plut après un si grand tonnerre.

Socrate avait une telle passion pour la philosophie, qu'il sacrifiait tous ses instants pour instruire les hommes et surtout pour former la jeunesse d'Athènes. C'était un philosophe de tous les moments qui enseignait dans quelque lieu qu'il se trouvât.

Ce prince des philosophes combattit avec tant de liberté la doctrine et les mœurs des sophistes de son temps, (philosophes dont les raisonnements étaient faux), qu'il s'attira beaucoup d'envieux, et qu'il fut accusé de corrompre la jeunesse d'Athènes. L'accusateur public conclut à la mort.

Socrate comparut devant ses juges avec la fermeté de l'innocence et la dignité de la vertu, et malgré les sublimes paroles qu'il prononça pour sa justification, il fut condamné à terminer ses jours par le poison. Il reçut cette sentence avec sa tranquillité ordinaire, et il se rendit à la prison, entouré de ses disciples qui fondaient en larmes. L'un d'eux, dans l'excès de sa douleur, s'écria : « Ce qui me déses-
» père, c'est que vous mourez innocent. —
» Aimeriez-vous mieux, lui répondit Socrate,
» en souriant, que je mourusse coupable ? »

L'orsque l'exécuteur apporta le poison, Socrate prit froidement la coupe fatale, et l'approcha de sa bouche. Alors tous ses disciples firent éclater leur douleur. Que faites-vous, mes amis, leur dit Socrate, sans s'émouvoir ? « j'avais éloigné les femmes pour n'être pas témoin de pareilles faiblesses. Rappelez votre courage ; j'ai toujours ouï dire que la mort devait être accompagnée de bons augures. » Se sentant défaillir, il se coucha sur son lit, s'enveloppa de son manteau, et expira quelques moments après.

Dans la suite, les Athéniens reconnurent leur injustice, et ils élevèrent au sage Socrate une statue en bronze, qu'ils placèrent dans le lieu le plus apparent de la ville.

Platon naquit la première année de la 88e olympiade, l'an 427 avant Jésus-Christ. A l'age de vingt ans, il s'attacha uniquement à Socrate, et profita si bien des leçons de son maître, qu'à vingt-cinq ans, il donna des marques d'une sagesse extraordinaire.

Après la mort de Socrate, Platon parcourut l'Egypte, la partie de l'Italie que l'on appelait la grande Grèce, la Sicile, où il s'instruisit auprès des savants de ces contrées, après quoi il revint à Athènes, y donna des leçons et forma d'illustres disciples.

Ce philosophe mourut âgé de 81 ans. Son style était fin, délicat, parfait, et ce qui en faisait surtout la suprême beauté, c'était la solidité et la grandeur des sentiments.

Aristote était de Stagire, ville de Macédoine. Ce philosophe fut le disciple de Platon, et devint l'âme de son école.

Quand Alexandre vint au monde, Philippe lui écrivit ces mots : « Je vous apprends que
» j'ai un fils. Je rends grâces aux Dieux, non
» pas tant de me l'avoir donné, que de me
» l'avoir donné du temps d'Aristote. J'ai lieu
» de me promettre que vous en ferez un suc-
» cesseur digne de nous et un roi digne de la
» Macédoine. »

Ce célèbre philosophe fit l'éducation du jeune prince, et il retourna ensuite à Athènes, où il ouvrit une école dans le Lycée. Il donnait ordinairement ses leçons en se promenant et elles étaient suivies par un grand nombre de citoyens.

Le mérite d'Aristote ayant excité contre lui l'envie, il fut accusé d'impiété, et cité à comparaître devant les juges pour y être jugé, dans la crainte de subir le même sort que Socrate, il sortit d'Athènes, après y avoir enseigné treize ans, et se retira à Chalais, dans l'île d'Eubée, où il mourut âgé de 73 ans.

Diogène, philosophe cynique, était natif de Synope, ville de Paphlagonie; il vivait du temps d'Alexandre-le-Grand.

Ce philosophe avait un caractère tout particulier. Il n'avait pour tous meubles qu'un bâton, une besace et une écuelle. Encore ayant aperçu un jeune enfant qui buvait dans le creux de sa main : « Il m'apprend, dit-il, » que je conserve du superflu, » et il cassa son écuelle. Il marchait toujours les pieds nuds, un tonneau lui servait de maison, et il le promenait partout devant lui.

Etant entré un jour chez Platon, il se mit à deux pieds sur un beau tapis, et dit : « Je » foule aux pieds le faste de Platon. — Oui, » répliqua celui-ci, mais par une autre sorte » de faste. »

Il vit un jour un homme qui se faisait chausser par un esclave : « Tu ne seras pas con- » tent, dit-il, jusqu'à ce qu'il te mouche. De » quoi te servent tes mains ? »

Diogène, après avoir été pris par des pirates, fut vendu et acheté par un Corinthien qui l'emmena, et lui confia l'éducation de ses fils. Ce philosophe mourut âgé de 90 ans.

RELIGION DES GRECS.

Les Grecs adoraient une foule de divinités, que l'on appelle aujourd'hui les dieux de la fable, parce qu'en effet toutes ces divinités n'étaient que le résultat de leur fausse idée sur ce point, et qu'au lieu de porter leur vénération sur le créateur de toutes choses, ils honoraient des êtres imaginaires.

Leurs principales divinités étaient Jupiter, Junon, Saturne, Bacchus, Apollon et Minerve qui était la déesse tutélaire d'Athènes. Ils leur faisaient beaucoup de sacrifice soit avant les combats, soit après le gain d'une bataille, mais ils n'immolaient pas de victimes humaines comme les Carthaginois (Phéniciens) et les Druides.

ORACLES.

Les principes des Grecs sous le rapport de la religion prouvent assez jusqu'à quel point ils poussaient la superstition; aussi la Grèce fut-elle fertile en oracles dans lesquels les différents peuples avaient la plus entière confiance et qu'ils consultaient sur les choses les plus frivoles pour en faire dépendre leurs affaires les plus importantes. Le chant, le vol et le cri des oiseaux, les entrailles des bêtes qu'ils offraient en sacrifice à leurs dieux, tout cela était pour eux le présage d'un bon ou d'un mauvais succès.

Plusieurs de ces oracles avaient une grande célébrité ; celui de Dodone était situé chez les Molosses dans l'Epire ; celui des Branchides était dans le voisinage de Milet, et était fort respecté des Ioniens et des Doriens, mais celui d'Apollon à Delphes était le plus renommé. Cet oracle fut consulté par Crésus roi de Lydie, dans la guerre qu'il fit contre les Mèdes, par Alexandre-le-Grand qui désirait connaître la destinée qui l'attendait, et par Pyrrhus lors de la guerre qu'il soutint contre les Romains.

JEUX ET COMBATS.

Les jeux et les combats faisaient partie de la religion des Grecs. Les principaux jeux se célébraient tous les quatre ans, à Pise ou Olympie, ville de l'Elide dans le Péloponèse, ce qui les fit appeler jeux Olympiques. Afin que chacun put y assister en sûreté, il y avait à cette époque une suspension d'armes générale dans toute la Grèce.

Les jeux auxquels les Grecs se livraient particulièrement, étaient la lutte, le pugilat, la course des chars, la course à cheval et la course à pied. Le vainqueur recevait pour toute récompense une simple couronne d'olivier sauvage, mais on lui accordait droit de préséance dans les jeux publics, il avait encore d'autres privilèges, souvent on érigeait des statues en son honneur, ce qui était un puissant stimulant pour ceux qui aspiraient à la victoire.

La lutte était un exercice par lequel les lutteurs, nus et frottés d'huile, se colletaient deux à deux. Il s'agissait de renverser son adversaire en employant la force et la ruse, et jamais la fraude. Le principal avantage était de se rendre maître des jambes de son antagoniste en lui donnant le croc en jambe.

Le pugilat était un combat à coup de poings. Cette sorte de combat était fort dangereuse, car outre le danger d'y être estropié, les athlètes y couraient risque de perdre la vie. Il y en avait peu qui sortissent sans contusions très-graves sur le visage et sans avoir les dents et les mâchoires brisées.

Course. — Dans la course à pied, il ne s'agissait que de parcourir une seule fois la carrière, à l'extrémité de laquelle le prix attendait le vainqueur, c'est-à-dire, celui qui était arrivé le premier.

La course simple du cheval monté par un cavalier n'avait rien de remarquable. Ce qui plaisait le plus aux spectateurs, c'était l'adresse avec laquelle les cavaliers changeaient de cheval, et sautaient habilement sur un autre qu'ils menaient par la bride.

La course des chars était de tous les exercice et de tous les jeux, le plus renommé et celui qui faisait le plus d'honneur. Toutes les personnes considérables et les rois mêmes aspiraient à la gloire d'être vainqueurs.

Les chars étaient attelés le plus ordinairement de deux ou de quatre chevaux de front, et à un certain signal, ils partaient tous ensemble. Cette course présentait souvent des dangers, parce qu'il fallait friser le but en tournant, et que pour peu que l'on manquât à prendre le tour, le charriot était brisé et celui qui le conduisait pouvait être dangereusement blessé et même être écrasé.

Indépendamment de ces exercices qui ne demandaient que la force et l'adresse du corps les Grecs avaient d'autres combats qui étaient d'une nature bien autrement importante ; ces combats étaient des combats d'esprit, c'est-à-dire que les orateurs, les historiens et les poètes se rendaient de toutes parts à Olympie pour y faire preuve de leur habileté, et tâcher d'y remporter la couronne qui était pour eux un véritable sujet de gloire.

Ces réunions qui attiraient presque tous les peuples de la Grèce, étaient pour eux le plus puissant bien qui les unissait ; aussi marquaient-ils la date des évènements par les olympiades, c'est-à-dire par l'intervalle de quatre ans qui s'écoulait entre chaque célébration des jeux.

La première olympiade avait commencé l'an du monde 3,228 et avant Jésus-Christ 776.

HISTOIRE DE LA SICILE,

ET PARTICULIÈREMENT DE SYRACUSE.

La description de la Sicile étant déjà donnée, le lecteur peut s'y reporter, et se faire une idée de la situation de cette contrée.

Quoique cette histoire, soit en quelque sorte étrangère à celle des Grecs, il est néanmoins intéressant de la placer dans ce livre, tant à cause des évènements qui s'y sont passés avec les Carthaginois, que pour faciliter la connaissance des faits principaux qui se rattachent à l'histoire romaine.

Dans les commencements des guerres que la Sicile eut à soutenir, et qui durèrent plus de deux cents ans, Syracuse, qui était la plus considérable et la plus puissante ville de Sicile, avait mis l'autorité souveraine entre les mains de Gélon, d'Hieron, de Trasybule, trois frères qui succédèrent l'un à l'autre.

Après soixante ans de démocratie, Denys-l'Ancien, Denys-le-Jeune, Dion, Timoléon,

Agathocle, Hiéron et Hiéronime y dominèrent successivement, puis les Romains s'en emparèrent.

Il est donc à propos de faire connaître l'histoire de chacun de ces princes.

HISTOIRE DE GÉLON.

Gélon était originaire d'une ville de Sicile, appelée Gèle. Après la mort d'Hippocrate, sous prétexte de défendre les intérêts et les droits des enfants de ce tyran, Gélon prit les armes contre ses propres citoyens, et s'empara de l'autorité pour lui-même. Quelque temps après, il se rendit maître de Syracuse, et devint très-puissant.

Pendant son gouvernement, les Carthaginois alliés de Xerxès, fils de Darius, qui voulait exterminer les Grecs, passèrent en Sicile avec une armée de trois cent mille hommes pour faire la guerre aux Grecs qui habitaient dans cette contrée. Le général Carthaginois commença la campagne par mettre le siège devant Himère. Gélon accourut au secours de cette ville avec une armée de cinquante cinq mille hommes, et malgré la vigoureuse résistance des Carthaginois, ils furent entièrement défaits. Il y en eut plus de cent cinquante mille de tués, et les autres se rendirent à discrétion. Ce combat se donna le même jour de la célèbre action des Thermopyles où Léonidas avec trois cents Spartiates disputa à Xerxès le passage dans la Grèce.

Après une victoire si complète, Gélon ne devint pas plus orgueilleux, et il accorda la paix aux Carthaginois, en exigeant d'eux seulement qu'ils payassent les frais de la guerre, et qu'ils cessassent d'immoler leurs enfants au dieu Saturne.

De retour à Syracuse, il convoqua l'assemblée du peuple, et donna l'ordre de venir armé. Pour lui il se présenta sans armes et sans gardes, et rendit compte de toute sa conduite. Son discours ne fut interrompu que par des témoignages de reconnaissance et d'admiration, et d'un consentement unanime, il fut proclamé roi. Pendant son règne, Gélon s'appliqua particulièrement à faire le bonheur des Syracusains, et il en était l'ami, et le protecteur. Pour le malheur de Syracuse, il mourut après avoir régné seulement

15

sept ans. Il fut infiniment regretté de tous ses sujets.

HISTOIRE DE HIÉRON ET DE THRASYBULE.

Après la mort de Gélon, Hiéron, l'aîné de ses frères, lui succéda. Ce prince dont la santé était assez faible, avait l'humeur dure et sauvage, mais ayant appelé auprès de lui quelques poètes célèbres, la conversation de ces hommes savants et les instructions qu'ils lui donnèrent sur les devoirs de la royauté, contribuèrent beaucoup à adoucir son humeur.

Hiéron ne fit de remarquable que de chasser de Catane et de Naxe les anciens habitants, d'établir dans ces deux villes une colonie de Syracusains et d'autres peuples venus du Péloponèse. Il mourut après un règne de onze ans.

Thrasybule, son frère, lui succéda. Ce prince traitant ses sujets avec la dernière dureté, les Syracusains appelèrent à leur secours les villes voisines. Thrasybule fut assiégé dans Syracuse même, et il fut chassé. Il n'avait été sur le trône qu'un an.

Syracuse rentra alors en liberté et s'y maintint pendant soixante ans, jusqu'au temps de Denys-l'Ancien qui l'asservit de nouveau.

HISTOIRE DE DENYS-L'ANCIEN.

Denys était de Syracuse, et il exerçait dans la ville l'emploi de greffier. Son caractère bouillant le porta à se plaindre publiquement des magistrats, qu'il accusait de trahison à cause de la lenteur que l'on mettait à secourir Agrigente que les Carthaginois venaient de soumettre à leur domination. Ses plaintes ayant été écoutées, les magistrats furent déposés, et il fut mis à la tête des nouveaux élus. Bientôt, par son adresse, il se fit nommer généralissime des troupes, et peu de temps après, ayant supposé qu'on avait voulu l'assassiner, il demanda des gardes ; on lui en donna six cents, et avec cette escorte et un nombre infini d'exilés et de fugitifs, il usurpa la souveraine puissance et se rendit maître et tyran de Syracuse.

L'usurpation de Denys donna lieu contre

lui à quelques mouvements dans le commencement de sa tyrannie ; les Carthaginois assiégeaient la ville de Gèle, et Denys marcha au secours de cette ville, mais soupçonné de favoriser les ennemis, la plus grande partie de son armée l'abandonna. Il revint promptement à Syracuse, on lui disputa l'entrée et ses soldats tuèrent presque tous ceux qui se trouvèrent sur leur passage. Etant entré dans a ville, il pilla les maisons de ses ennemis et en tua un grand nombre. Dans le même temps il conclut un traité de paix avec les Carthaginois.

Environ sept ans après ce traité, Denys déclara la guerre à Carthage, et tout ce qu'il y avait de Carthaginois à Syracuse et dans toute la Sicile fut massacré.

Denys se mit aussitôt en marche avec son armée, et presque toutes les places alliées aux Carthaginois se rendirent. L'année suivante, les Carthaginois au nombre de trois cent mille hommes suivirent Denys jusqu'aux portes de Syracuse, mais la peste s'étant mise dans leur armée, en ravagea une grande partie et les Syracusains les ayant attaqués par terre et par mer, en firent un massacre horrible.

Après s'être débarrassé des Carthaginois, Denys se dirigea du côté de la ville de Rhège pour la punir d'une grave injure qu'elle lui avait faite. Voici le sujet. S'étant adressé aux habitants de cette ville pour avoir une épouse, on lui fit dire qu'on n'avait que la fille du bourreau à lui donner. Cette réponse insolente lui fit prendre la résolution de détruire la ville. Etant entré à Rhège après un siège de onze mois, il fit un grand nombre de prisonniers, et fit précipiter dans la mer le général, après lui avoir fait souffrir des tourments horribles. Telle fut la vengeance qu'il exerça.

Denys avait une passion violente pour la poésie, et tyran en tout, il ne pouvait souffrir ni supérieur, ni concurrent.

Il mourut d'une indigestion causée par l'excès qu'il avait fait dans un grand festin qu'il donna à sa cour, au sujet de la victoire qu'il avait remportée à Athènes, dans une tragédie qu'il avait fait représenter aux fêtes de Bacchus. Il avait régné trente-huit ans.

Pendant tout son règne, Denys ne put se

faire un seul ami, et, craignant continuellement pour sa vie, il portait toujours sous sa robe une cuirasse d'airin. Sans aucun scrupule, il enlevait des temples tous les objets qui lui convenaient. Un jour, il fit ôter à Jupiter un manteau d'or massif, disant qu'un manteau d'or était trop pesant pour l'été, et trop froid pour l'hiver, et lui en fit jeter sur les épaules un de laine, qui serait bon, disait-il, pour toute les saisons. Un autre jour il fit ôter à Esculape sa barbe d'or, sous prétexte qu'il ne convenait pas au fils d'avoir de la barbe, puisque son père Apollon n'en n'avait pas. Pour ce qui est des petites victoires, des coupes et des couronnes d'or que les statues tenaient à la main, il les emportait sans façon, disant que ce n'était point les prendre, mais seulement les recevoir, et qu'il y avait de la folie de demander sans cesse des biens aux dieux, lorsqu'ils étendaient eux-mêmes la main pour les donner.

Un des courtisans de Denys, nommé Damoclès, vantait tous les jours ses richesses, sa grandeur et sa magnificence : «puisque vous pensez ainsi, lui dit un jour le tyran, voulez-vous goûter vous-même de mon bonheur et en faire épreuve». Damoclès ayant accepté, on le plaça sur un lit d'or couvert de tapis richement brodés. Les buffets étaient remplis de vases d'or et d'argent, des esclaves vêtus magnifiquement le servaient, au moindre signal qu'il donnait, et sa table était servie avec les mets les plus exquis. Damoclès se regardait comme l'homme du monde le plus heureux, mais ayant aperçu la pointe d'un épée suspendue sur sa tête, et qui ne tenait au plancher qu'avec un crin de cheval, il demanda qu'on le laissât aller et déclara qu'il ne voulait plus être heureux à ce prix.

Cette image représente la vie d'un tyran.

HISTOIRE DE DENYS-LE-JEUNE ET DE DION.

Après la mort de Denys-l'Ancien, son fils qui portait le même nom, lui succéda, et il fut appelé Denys-le-Jeune.

Ce prince d'un caractère nonchalant manquait d'éducation et ignorait les devoirs concernant la royauté. Dion, son proche parent, homme très-sage, très-prudent et ayant beaucoup de bon sens, lui parla tant de fois de Platon, célèbre philosophe grec, qu'il se décida à appeler auprès de lui ce savant.

Platon, étant arrivé à la cour de Denys, s'appliqua d'abord à lui faire passer les amusements de la cour auxquels il se livrait trop fréquemment, ensuite à le retirer de l'oisiveté et de l'indolence, et à lui faire chérir le travail et la vertu. Déjà le disciple se sentait des leçons de son excellent maître, lorsque les courtisans de Denys qui s'apercevaient de son changement et craignant de perdre leur autorité, jetèrent des soupçons dans l'âme de Denys et parvinrent à lui rendre suspects Dion et Platon. Ce prince extrêmement faible et conservant encore dans son cœur les principes de tyrannie dont il avait hérité de son père, exila Dion, et bientôt après Platon retourna en Grèce. Ce philosophe fut sollicité de nouveau par Denys de revenir à Syracuse, et il se décida à entreprendre encore une fois ce voyage, mais le caractère de Denys ne s'accordant pas avec les observations qui lui étaient faites relativement à Dion, Platon demanda et obtint son congé. Après le départ de Platon, Denys ne se contraignit plus et reprit ses habitudes de crapules et de débauches.

La mauvaise conduite de Denys et les mauvais traitements qu'il faisait éprouver à la femme de Dion, révoltèrent les Syracusains qui en informèrent Dion et le décidèrent à tout entreprendre pour les affranchir de la tyrannie.

Dion partit alors du lieu de son exil et s'avança vers Syracuse avec une armée d'environ six mille hommes. Lorsqu'il fut près de cette ville, les habitants sortirent pour le recevoir et il entra dans la ville. Denys tenta de le chasser de Syracuse, mais il fut obligé de se sauver par mer avec ses trésors et les personnes qui lui étaient les plus chères.

Dion voulut établir à Syracuse un gouvernement composé comme ceux de Lacédémone et de Crète, mais un nommé Héraclide s'y opposa. Cette homme turbulent et séditieux fut assassiné.

Dion gouvernait les Syracusains avec beaucoup de prudence et de sagesse, lorsque Callippe, Athénien, qui avait été lié d'une amitié intime avec lui et qui songeait à se rendre maître de Syracuse, le fit assassiner dans sa maison par des soldats zacinthiens qui lui étaient dévoués. Ce meurtrier ne fut pas longtemps sans recevoir le châtiment de son crime; ayant été pris par Timoléon, il fut mis à mort avec ses deux fils.

Dion avait regné 10 ans. Sa mort occasionna des troubles qui réduisirent Syracuse à un pitoyable état. Denys profita de ces dissentions pour reprendre les rênes de l'état. Ce prince, que ses malheurs auraient dû corriger revint au contraire avec une humeur plus bizarre et un caractère plus féroce. Vers ce même temps, les Carthaginois abordèrent en Sicile : les Syracusains députèrent à Corinthe pour demander du secours, et les Corinthiens leur envoyèrent des troupes commandées par Timoléon. Ce général remporta une victoire et Denys se rendit à lui dans son camp. Timoléon en délivra les Syracusains et l'envoya à Corinthe où il vécut dans la misère.

Timoléon, maître de Syracuse, continua d'exécuter son grand projet qui était d'affranchir toute la Sicile de la tyrannie et des tyrans.

Il y réussit, et força tous les usurpateurs à vivre en simples particuliers. Ce grand homme après avoir rétabli la liberté et la paix dans la Sicile, se démit de son autorité et vécut dans la retraite. A sa mort, on lui fit des funérailles magnifiques et chaque citoyen s'empressa d'honorer sa mémoire.

Syracuse ne jouit pas long-temps de la liberté et de la paix que Timoléon lui avait procuré; elle fut bientôt tyrannisée par Agatocle, qui s'empara du pouvoir et qui, pour s'y maintenir exerça des cruautés inouies.

HISTOIRE D'AGATOCLE.

Agatocle était Sicilien, d'une naissance et d'une condition très-basses. Soutenu d'abord par les Carthaginois, il envahit la souveraine autorité dans Syracuse et en devint le tyran. Lorsqu'il se vit affermi sur le trône il déclara la guerre à ses bienfaiteurs.

Les Carthaginois remportèrent sur lui une victoire considérable et vinrent assiéger Syracuse. Agatocle, sans faire connaître à personne le projet qu'il méditait d'aller attaquer Carthage, partit avec sa flotte, laissant à son frère la défense de la ville. Dès qu'il eut abordé en Afrique, il excita d'abord ses soldats par l'appât des richesses immenses qu'ils allaient trouver à Carthage, et, pour les forcer de vaincre, il brûla tous les vaisseaux qui composaient sa flotte. Aussitôt après, il conduisit ses troupes vers une place qu'on appelait la grande ville, qui fut prise d'emblée. Tunis ne fit pas plus de résistance.

Cependant les Carthaginois poursuivaient toujours le siège de Syracuse; Agatocle qui avait quitté l'Afrique, arriva dans le port avec une galère à trente rames qu'il avait fait construire à la hâte. Le général Carthaginois fit un nouvel effort, pour emporter la ville d'assaut, mais il fut repoussé. Quelque temps après, il tomba entre les mains des Syracusains, et sa tête fut envoyée à Agatocle qui la montra aussitôt aux ennemis. L'absence d'Agatocle en Afrique avait produit beaucoup de changement : en ayant été instruit, il y retourna pour y rétablir ses affaires, mais ses places s'étaient rendues à l'ennemi. Ayant perdu une partie de ses troupes et réduit à l'extrémité, il se sauva et abandonna ses enfants qui furent égorgés par ses soldats.

De retour en Sicile, il parvint à conclure un traité de paix avec les chefs Carthaginois.

Peu de temps après il passa en Italie pour soumettre les Brutiens, mais une maladie violente l'obligea de revenir, et il termina par une mort affreuse, une vie remplie de crimes.

Après la mort d'Agatocle, Syracuse goûta les douceurs de la liberté, mais elle souffrit beaucoup par les guerres continuelles que lui faisaient les Carthaginois. Elle appela à son secours Pyrrhus, roi d'Épire. Ce prince lui rendit un moment l'espérance, mais ayant été obligé de partir pour défendre ses états, elle fut replongée dans de nouveaux malheurs.

Quelque temps après le départ de Pyrrhus, la première magistrature fut déférée à Hiéron II, auquel dans la suite on accorda le nom et l'autorité de roi.

HISTOIRE DE HIÉRON II.

Hiéron descendait de la famille de Gélon, qui avait régné à Syracuse. Il avait beaucoup de douceur, d'honnêteté, de modération et surtout beaucoup de justice dans le maniement des affaires. A l'âge de trente ans on lui confia le souverain commandement qui renfermait toute l'autorité civile et militaire, et sept ans après, à son retour d'une expédition contre les Mamertins, (bandes originaires de Campanie, qui s'étaient emparées de Messine, après en avoir égorgé les principaux habitants) il fut déclaré roi par tous les citoyens de Syracuse et ensuite par tous les alliés.

La division s'étant mise parmi les Mamertins, les uns livrèrent la citadelle aux Carthaginois et les autres livrèrent la ville aux Romains. Les Carthaginois ayant été chassés de la citadelle, formèrent le siège de la ville et firent un traité d'alliance avec Hiéron, qui joignit ses troupes aux leurs. Le consul romain les ayant battus séparément, fit lever le siège et Hiéron se retira à Syracuse. Après cet échec, Hiéron, qui n'avait d'autre ambition que celle de faire le bonheur de son peuple, renonça à l'alliance qu'il avait faite avec les Carthaginois et fit un traité de paix avec les Romains. Il laissa ces deux peuples se déchirer pendant les longues guerres appelées guerres puniques, et ne s'appliqua pendant un règne de plus de cinquante ans qu'à réparer les maux que l'injuste gouvernement d'Agatocle avait causés, et à éteindre jusqu'aux moindres sémences de division et de mésintelligence qui existaient entre les citoyens et les soldats.

Pour obtenir cette tranquillité, qui ne fut point troublée par aucune sédition ni révolte pendant son long règne, Hiéron bannit de ses états l'oisiveté et la fainéantise, et il s'occupa particulièrement d'entretenir et d'augmenter la fertilité naturelle du pays, et de mettre en honneur l'agriculture. Par ses soins, l'abondance se répandit dans son état, qui ne renfermait guère que la moitié de la Sicile ; et il put soulager ses voisins et ses alliés lorsque l'occasion s'en présenta.

Hiéron fut constamment fidèle aux Romains, et, malgré des pertes considérables que leur avaient fait éprouver les Carthaginois, il leur donna toujours des preuves de son attachement, soit en leur envoyant de riches présents, soit en leur fournissant gratuitement du froment et de l'orge. Il en agit aussi libéralement plusieurs fois avec Carthage, ainsi qu'avec les Rhodiens qui avaient éprouvé un grand tremblement de terre qui avait ravagé leur île et renversé leur colosse.

Ce prince mourut à l'âge de quatre-vingt-dix ans, infiniment regretté des peuples. Il eut pour successeur Hiéronime, son petit-fils.

Hiéron donna aux Syracusains des règlements si sages, si raisonnables et si pleins d'équité, que quand les Romains s'emparèrent de Syracuse, ils voulurent que toutes choses fussent réglées selon les lois de Hiéron.

HISTOIRE DE HIÉRONIME.

Hiéronime, encore très-jeune, était dirigé par quinze tuteurs que lui avait nommé Hiéron son aïeul, et auxquels il avait expressément recommandé de maintenir l'alliance avec les Romains, et d'apprendre au jeune prince, leur pupille, à marcher sur ses traces. Quoiqu'il en fut, lorsque Hiéronime eut atteint l'âge de quinze ans, et qu'il fut monté sur le trône, loin de suivre les principes de Hiéron, il affecta d'imiter Denys-le-Tyran, en sortant comme lui du palais sur un char attelé de quatre chevaux blancs. Son caractère répondait à cet équipage ; il était fier, dédaigneux, d'un abord difficile, excessivement débauché, et à tous ces vices il joignait une cruauté qui allait jusqu'à éteindre en lui tout sentiment d'humanité.

Hiéronime plus partisan des Carthaginois que des Romains fit un traité avec les premiers. Les conditions de ce traité étaient, que tous les efforts tendraient à chasser les Romains de la partie de la Sicile qui leur appartenait. Appius, préteur de Sicile, informé de ce traité, envoya des ambassadeurs à Hiéronime pour renouveler l'alliance que les Romains avaient eue avec son aïeul. Ce prince orgueilleux les reçut avec beaucoup de mépris et ils se retirèrent, en l'engageant toutefois à ne point changer témérairement de parti.

Peu de temps après, dans un voyage qu'il faisait, Hiéronime fut assassiné. Il n'avait régné qu'un an.

La mort de Hiéronime causa des troubles à Syracuse, et quelques ambitieux s'emparèrent à diverses reprises de l'autorité. Les Romains, sous la conduite du consul Marcellus, vinrent faire le siège de cette ville ; elle se défendit long-temps par le moyen des étonnantes machines de guerre inventées par Archimède, l'un des plus grands mécaniciens de l'antiquité, qui était Syracusain et proche parent du roi Hiéron; mais enfin les assiégeants s'en emparèrent, ainsi que de toute la Sicile, l'an 212 avant Jésus-Christ, et cette île devint l'une des plus riches provinces de l'empire romain.

ROYAUME DE PONT.

HISTOIRE DE MITHRIDATE.

Le royaume de Pont, dans l'Asie mineure, était un démembrement ancien de la monarchie des Perses. De tous les rois, qui tour à tour ont gouverné ce royaume, depuis Artabaze, qui en porta le premier la couronne, dans le même temps que Xerxès monta sur le trône de Perse, Mithridate, le dernier de ces rois, s'y étant particulièrement illustré par les guerres qu'il soutint long-temps contre les Romains, il est fort intéressant de faire connaître les principaux traits de la vie de ce prince si célèbre.

Mithridate n'avait que douze ans lorsqu'il monta sur le trône. Il commença son règne par faire mourir sa mère et son frère, et corrompit, à force d'argent, un des généraux romains pour se faire céder en propre la Phrygie. Il ne retint pas long-temps cette province que les Romains lui enlevèrent bientôt.

Vingt-quatre ans plus tard il s'empara de la Cappadoce, après avoir fait assassiner le roi, donna cette couronne à un de ses enfants. Les Romains étant intervenus, le jeune prince fut chassé, mais Mithridate s'étant uni avec Tigrane, roi d'Arménie, qui était son gendre, il parvint à remettre son fils sur le trône.

Les Romains pour lors marchèrent contre lui, ils furent battus et leurs armées ruinées. Deux commandants furent même faits prisonniers, et Mithridate les fit périr au milieu des tourments. Par suite de cette victoire, ce prince conquit la Bithynie, la Phrygie, la Mysie, la Lysie, la Pamphylie, la Pamphlagonie, et plusieurs autres provinces. Pour se rendre maître de l'Asie mineure, il ordonna à tous les gouverneurs des provinces, de faire un massacre général de tous les Romains et Italiens, et il y en eut plus de cent mille qui furent égorgés dans un même jour. Ensuite il envoya en Grèce Archélaüs, l'un de ses généraux, qui prit Athènes, et fit à son maître beaucoup de partisans dans les différents états de la Grèce.

Les Romains ayant fait de nouveaux préparatifs pour soutenir la guerre contre Mithridate, Sylla fut chargé de cette guerre. Plusieurs combats se livrèrent et les généraux de Mithridate perdirent deux grandes batailles, l'une auprès de Chéronée et l'autre dans les plaines d'Archomène. Il ne fut pas plus heureux lui-même en Asie, et fut obligé de sortir de Pergame où il résidait. Ces mauvais succès le déterminèrent à proposer un accommodement à Sylla : ce général romain y consentit et établit pour condition que Mithridate abandonnerait les provinces dont il s'était emparé et qu'il se renfermerait dans les bornes du royaume de ses pères.

Ainsi se termina cette première guerre qui avait duré quatre ans.

Cependant la paix que Mithridate avait faite avec Sylla lui paraissant honteuse, il recommença la guerre qui dura trois ans, pendant lesquels il eut plusieurs avantages. Cette seconde guerre se termina d'après l'ordre que donna Sylla, alors dictateur, de laisser Mithridate en paix dans ses états.

Six ans après Mithridate ayant été instruit de la mort de Sylla, se prépara à une nouvelle guerre pour rentrer dans les conquêtes qu'il avait cédées, et il commença par s'emparer de la Paphlagonie et de la Bithynie.

Les Romains envoyèrent contre lui les consuls Luculle et Cotta. Ce dernier attaqua Mithridate, mais il fut complètement battu par terre et par mer.

Animé par cet avantage, il se dirigea vers Cysique, dont il voulait se rendre maître, il assiégea cette ville et l'investit par terre avec une armée innombrable, et par mer avec une grosse flotte. Luculle usa de tant d'habileté qu'il réduisit l'armée de Mithridate à la plus extrême famine, et qu'il le força à lever le blocus qu'il tenait depuis deux ans. Ce général romain poursuivit l'ennemi et lui tua un grand nombre d'hommes; ensuite continuant sa marche il arriva jusque dans le Pont, et porta la guerre dans le sein même des états de Mithridate.

Ce prince après avoir fait de nouvelle levées, se mit en campagne. Il eut l'avantage en deux actions, mais à la troisième il fut complètement défait, prit la fuite et se retira chez son gendre Tigrane. Luculle envoya un ambassadeur chez ce roi pour lui demander Mithridate : ce fut un sujet de guerre entre lui et les Romains par ce qu'il prétendait que le consul n'avait pas employé les usages ordinaires de la politesse. Il fallut donc en venir aux mains; l'armée de Tigrane passait deux cent mille hommes, et celle du consul n'était que de douze mille fantassins et de trois mille cavaliers.

Malgré l'immense supériorité des troupes de Tigrane, ce roi à l'approche des Romains n'eut pas le courage d'attendre l'issue d'une bataille, il s'enfuit et abandonna lâchement son armée;

presque tous ses soldats furent détruits, tandis que les Romains ne perdirent que fort peu d'hommes.

Après cette victoire, Luculle se tint quelque temps en repos, mais Mithridate et Tigrane profitèrent de ce délai pour lever de nouvelles troupes, et ils parvinrent à former une armée de soixante-dix mille hommes. Ils se mirent alors en campagne, mais paraissant vouloir éviter un combat, le général romain les y contraignit par ruse et il remporta encore une pleine victoire. Cependant Mithridate qui était entré dans le Pont avec huit mille hommes vit bientôt grossir sa petite armée par les troupes que les peuples et les princes voisins lui envoyèrent, par la haine qu'ils portaient contre les Romains. Ces secours ranimèrent son courage; il attaqua les troupes romaines, commandées par Fabius et par Triarius, les battit et tua sept mille hommes.

Luculle arriva pour lors, mais les soldats indisposés contre lui parce qu'il ne faisait pas enterrer les morts, refusèrent de le suivre contre Mithridate.

Ce prince profita de ce désordre pour recouvrer son royaume.

A cette époque Luculle fut remplacé dans son consulat par Pompée. Ce nouveau général après avoir engagé dans le parti des Romains, Phraate, roi des Parthes, offrit aussi la paix à Mithridate. Ce prince d'abord ne voulut point en entendre parler, mais lorsqu'il connut l'alliance avec Phraate, sur lequel il comptait, il envoya pour traiter avec Pompeé. Il n'était plus temps, ce général ne voulut plus lui accorder la paix qu'à des conditions peu favorables qu'il ne jugea pas à propos d'accepter, et il fallut en venir à une bataille. Elle se donna sur l'Euphrate, les Romains remportèrent un avantage décisif, tuèrent plus de dix mille hommes et prirent tout le camp ennemi. Cette bataille décida du sort de Mithridate, et fut la dernière qu'il soutint contre les Romains. Ce prince après avoir tenté de se réfugier chez Tigrane, alla dans le royaume de Bosphore. De là il fit demander la paix à Pompée, qui consentit à la lui accorder, à condition qu'il viendrait en personne. Mithridate ne put se résoudre à cette condition ; il entreprit de nouveaux préparatifs de guerre, mais il fallut qu'il les abandonnât parce que Pompée le surveillait de trop près.

Dans cet état désespéré, il voulut entreprendre d'aller par terre en Italie, attaquer les Romains sous les murs de Rome. Ses soldats, effrayés d'une si téméraire entreprise, conspirèrent contre lui, et élurent pour roi Pharnace, son fils.

Alors Mithridate se voyant abandonné de tout le monde et craignant surtout que son fils le ne livrât à Pompée, il se retira dans son appartement, il donna du poison à ses femmes, à ses concubines et à ses filles, et en prit lui-même, puis il se perça avec son épée; et comme le coup qu'il se donna ne fut pas suffisant pour le tuer, il pria un soldat gaulois de l'achever.

Telle fut la fin de Mithridate, après avoir régné soixante ans, et avoir inquiété les Romains pendant près de trente ans.

FIN

TABLE GÉNÉRALE DES MATIÈRES.

EGYPTE.

	PAGES.
Sa description.	9
Menès, premier roi.	9
Haute Egypte ou Thébaïde.	10
Busiris, deuxième roi.	10
Osymandias, troisième roi.	11
Egypte du milieu ou Heptanome.	11
Uchoréus, quatrième roi.	11
Mœris, cinquième roi.	13
Basse Egypte.	14
Rois pasteurs.	14

SUITE DES ROIS D'EGYPTE.

Amasis, sixième roi.	15
Ramessès, septième roi.	15
Aménophis, huitième roi.	15
Sésostris, neuvième roi.	16
Phéron, dixième roi.	18
Protée, onzième roi.	18
Rhampsinit, douzième roi.	18
Chéops et Chephren, treizième roi.	19

PAGES.

Micérinus, quatorzième roi. 19
Asychis, quinzième roi. 19
Pharaon, seizième roi. 19
Sesac, dix-septième roi. 19
Zara, dix-huitième roi. 20
Anysis, dix-neuvième roi. 20
Séthon, vingtième roi. 20
Tharaca, vingt-unième roi. 20

GOUVERNEMENT DES DOUZE ROIS.

Psammitique, premier roi. 21
Néchao, deuxième roi. 22
Psammis, troisième roi. 22
Apriès, quatrième roi. 23
Amasis, cinquième roi. 23
Psamménite, sixième roi. 25

SECONDE PARTIE DE L'HISTOIRE D'EGYPTE. 25
TROISIÈME PARTIE DE L'HISTOIRE D'EGYPTE. 32

Ptolémée, surnommé Soter, premier roi. . . 32
Ptolémée-Philadelphe, deuxième roi. 32
Ptolémée-Evergète, troisième roi. 35
Ptolémée-Philopator, quatrième roi. 36
Ptolémée-Epiphane, cinquième roi. 36
Ptolémée-Philométor, sixième roi. 37
Physcon, septième roi. 41
Ptolémée-Latyre, huitième roi. 43
Cléopâtre, neuvième roi. 43

PAGES.

Alexandre, dixième roi. 43
Ptolémée-Aulète, onzième roi. 44
Bérénice, douzième roi. 44
Ptolémée et Cléopâtre, treizième roi. 45
Cléopâtre, quatorzième roi. 47
Coutumes des Egyptiens et du gouvernement. 54
Religion des Egyptiens. 55
Funérailles. — Momies. 57
Des sciences et des arts. 58
Fécondité de l'Egypte. 61

ASSYRIENS.

Babylone. 65

NINIVE.

Assur, premier roi. 65
Bélus, deuxième roi. 65
Ninus, troisième roi. 65
Sémiramis, quatrième roi. 67
Ninias, cinquième roi. 68
Sardanapale, sixième roi. 68

SECOND EMPIRE DES ASSYRIENS DE BABYLONE.

Bélésis, premier roi. 69
Mérodach-Baladan, deuxième roi. 70

SECOND EMPIRE DES ASSYRIENS DE NINIVE.

Ninus-le-Jeune, premier roi. 70
Salmanazar, deuxième roi. 70

PAGES.

Sennachérib, troisième roi. 71
Assharadon, quatrième roi. 71
Nabuchodonosor, cinquième roi. 72
Sarac, sixième roi. 72

TROISIÈME EMPIRE DE BABYLONE.

Nabopolassar, premier roi. 72
Nabuchodonosor II, deuxième roi. 73
Elvimérodach, troisième roi. 73
Nériglissor, quatrième roi. 73
Laborosoarchod, cinquième roi. 73
Balthazar, sixième roi. 74
Observations sur Babylone. 77
Gouvernement des Babyloniens. 77
Sciences. 78
Religion des Babyloniens. 78

MÈDES.

Arbace, premier roi. 79
Déjoce, deuxième roi. 79
Phraorte, troisième roi. 80
Cyaxare, quatrième roi. 80

LYDIENS.

Argon, premier roi. 81
Candaule, deuxième roi. 82
Gygès, troisième roi. 82
Atys, quatrième roi. 82
Sadyatte, cinquième roi. 82

PAGES.

Alyatte, sixième roi. 82
Crésus, septième roi. 83
Tyr. 85
Carthage. 88
Religion des Carthaginois. 89
Gouvernement de Carthage. 90
Tribunal des Carthaginois. 91
Commerce et richesses de Carthage. 91
Puissance militaire de Carthage. 93
Caractère des Carthaginois. 93
Description de Carthage et sa ruine. 94
Conquêtes des Carthaginois. 96
Sardaigne. 96
Sicile. 98
Espagne. 101
Ethiopie. 103
Troie. 104

PERSE.

Cambyse, premier roi. 105
Cyrus, deuxième roi. 105
Cambyse, fils de Cyrus, troisième roi. . . 107
Smerdis le Mage, quatrième roi. 112
Darius, cinquième roi. 113
Révolte des Ioniens. 117
Perses et Grecs. 120
Xerxès, sixième roi. 123
Artaxerce Longue-Main, septième roi. . . 131
Xerxès, huitième roi. 135

PAGES.

Sogdien, neuvième roi. 135
Ochus, dixième roi. 135
Arsite, onzième roi. 136
Darius-Nothus, douzième roi. 136
Artaxerce-Mnémon, treizième roi. 136
Retraite des dix mille. 139
Ochus, quatorzième roi. 146
Arsès, quinzième roi. 147
Darius Codoman, seizième et dernier roi. . 148

ROYAUME DE SYRIE.

Séleucus, premier roi. 155
Antiochus-Soter, deuxième roi. 156
Antiochus-Théus, troisième roi. 157
Séleucus-Callinicus, quatrième roi. 157
Séleucus-Céraunus, cinquième roi. 159
Antiochus, surnommé le Grand, sixième roi. 160
Séleucus Philopator, septième roi. 166
Antiochus-Epiphane, huitième roi. 166
Antiochus-Eupator, neuvième roi. 167
Démétrius, dixième roi. 168
Alexandre, onzième roi. 168
Démétrius-Nicator, douzième roi. 168
Antiochus-Sidète, treizième roi. 169
Démétrius Nicator, quatorzième roi. . . . 170
Cléopâtre Zébina, quinzième roi. 170
Séleucus, seizième roi. 170
Antiochus-Grypus, dix-septième roi. . . . 171
Séleucus, dix-huitième roi. 172
Antiochus-Eusèbe, dix-neuvième roi. . . . 172

PAGES.
Philippe, vingtième roi.................... 172
Antiochus Denys, vingt-unième roi......... 172
Tigrane, vingt-deuxième roi............... 173
Antiochus-l'Asiatique, vingt-troisième et
   dernier roi........................... 173
Coutumes des Perses et du gouvernement.... 174
Administration de la justice................ 176
     —   de la guerre................ 177
Religion des Perses....................... 178

GRECS.

Origine des Grecs......................... 180
Sparte ou Lacédémone..................... 184
Gouvernement de Lacédémone............. 184
Education des Spartiates................... 186
Caractère des Lacédémoniens.............. 187
Mort de Lycurgue......................... 189
Histoire des Spartiates..................... 189
Thèbes................................... 193
Corinthe.................................. 193
Suite de l'histoire des Spartiates............ 194
Athènes................................... 209
Guerre du Péloponèse..................... 223
Suite de l'histoire d'Athènes................ 237

MACÉDOINE.

Histoire de Philippe....................... 249
Histoire d'Alexandre-le-Grand............. 259
Convoi d'Alexandre....................... 284

PAGES.

ROIS DE MACÉDOINE APRÈS ALEXANDRE.

Cassandre, premier roi.................... 289
Philippe, deuxième roi..................... 290
Démétrius-Poliorcète, troisième roi......... 290
Pyrrhus, quatrième roi..................... 291
Lysimaque, cinquième roi.................. 291
Ptolémée-Céraunus et Sosthène, sixième roi. 292
Antigone-Gonatas, septième roi............ 292
Démétrius, huitième roi................... 293
Antigone-Doson, neuvième roi............. 293
Philippe, dixième roi...................... 295
Persée, onzième et dernier roi............. 300

EPIRE.

Histoire de Pyrrhus........................ 305
Coutumes des Grecs. — Education d'Athènes. 316
Caractère des Athéniens.................... ibid
Monuments célèbres de la Grèce............ 318
Sculpture 319
Peinture 321
Poésie..................................... 324
Historiens grecs........................... 326
Orateurs grecs............................. 328
Philosophes grecs.......................... 330
Religion des Grecs......................... 338
Oracles.................................... ibid
Jeux et combats............................ 339

HISTOIRE DE LA SICILE ET PARTICULIÈREMENT
DE SYRACUSE.

	PAGES.
Histoire de Gélon........................	344
Histoire de Hiéron et de Trasybule..........	346
Histoire de Denys l'Ancien.................	347
Histoire de Denis le Jeune et de Dion........	351
Histoire d'Agatocle........................	355
Histoire de Hiéron II......................	357
Histoire de Hiéronime.....................	360

ROYAUME DE PONT.

| Histoire de Mithridate..................... | 362 |

FIN DE LA TABLE.

ERRATA.

Dernier mot de l'avertissement : apportées, *lisez* apportés.

Page	ligne		
18	1ʳᵉ	qu'ait eut, *lisez* qu'ait eu.
40	7	d'accomodemment, *lisez* accommodement.
41	9	s'accomodèrent, *lisez* s'accommodèrent.
68	3	Ninias son les, *lisez* son fils.
80	3	leur, *lisez* leurs.
96	15	au titre, Cartaginois, *lisez* Carthaginois.
117	9	Schytes, *lisez* scythes.
129		l'engageait, *lisez* s'engageait.
175	9	qu'ils, *lisez* qu'il.
176	13	de Perses vaient, *lisez* de Perse avaient.
176	18	où se juge, *lisez* où ce juge.
231	16	plusiures, *lisez* plusieurs.
234	12	pris, *lisez* prit.
249	5	Picrie, *lisez* Piérie.
260	19	s'approcha, *lisez* s'approche.
273	9	mement, *lisez* moment.
294	12	Sélosie, *lisez* Sélasie.
303	11	ds, *lisez* de.
308	18	*retrancher l'et*.
315	16	passées, *lisez* passés.
id.	17	puique, *lisez* puisque.
329	24	les ots, *lisez* les flots.
331	9	vielle, *lisez* vieille.
336	22	juge, *lisez* jugé.
339	12	Ionins, *lisez* Ioniens.
341	16	exercice, *lisez* exercices.
342	17	bien, *lisez* lien.
345	11	qu'il, *lisez* qu'ils.
350	3	airin, *lisez* airain.
353	21	cette, *lisez* cet.
354	10	dissentions, *lisez* dissensions.
360	20	lorque, *lisez* lorsque.
363	15	donna, *lisez* et donna.
369	12	le ne livrât, *lisez* ne le livrât.

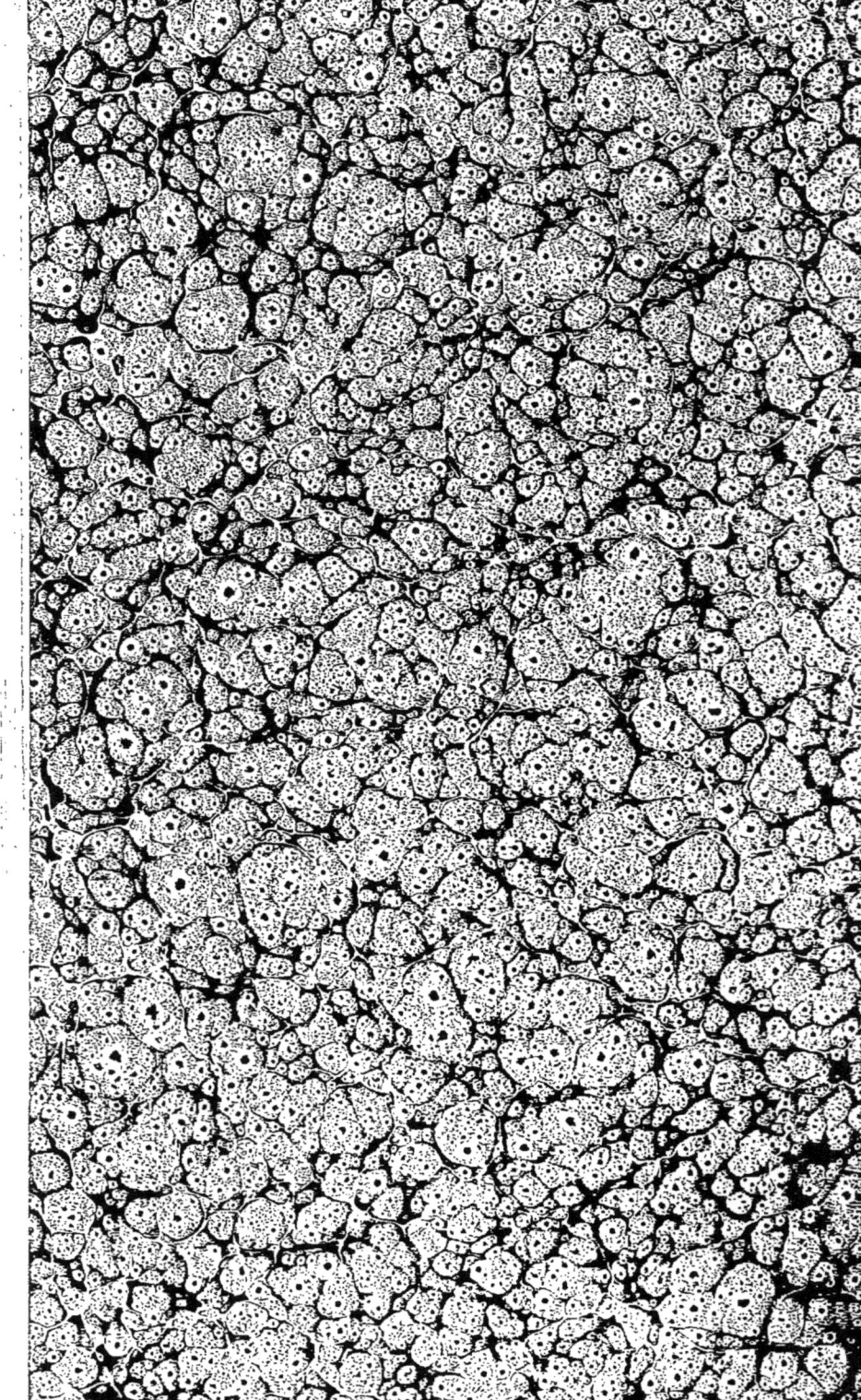

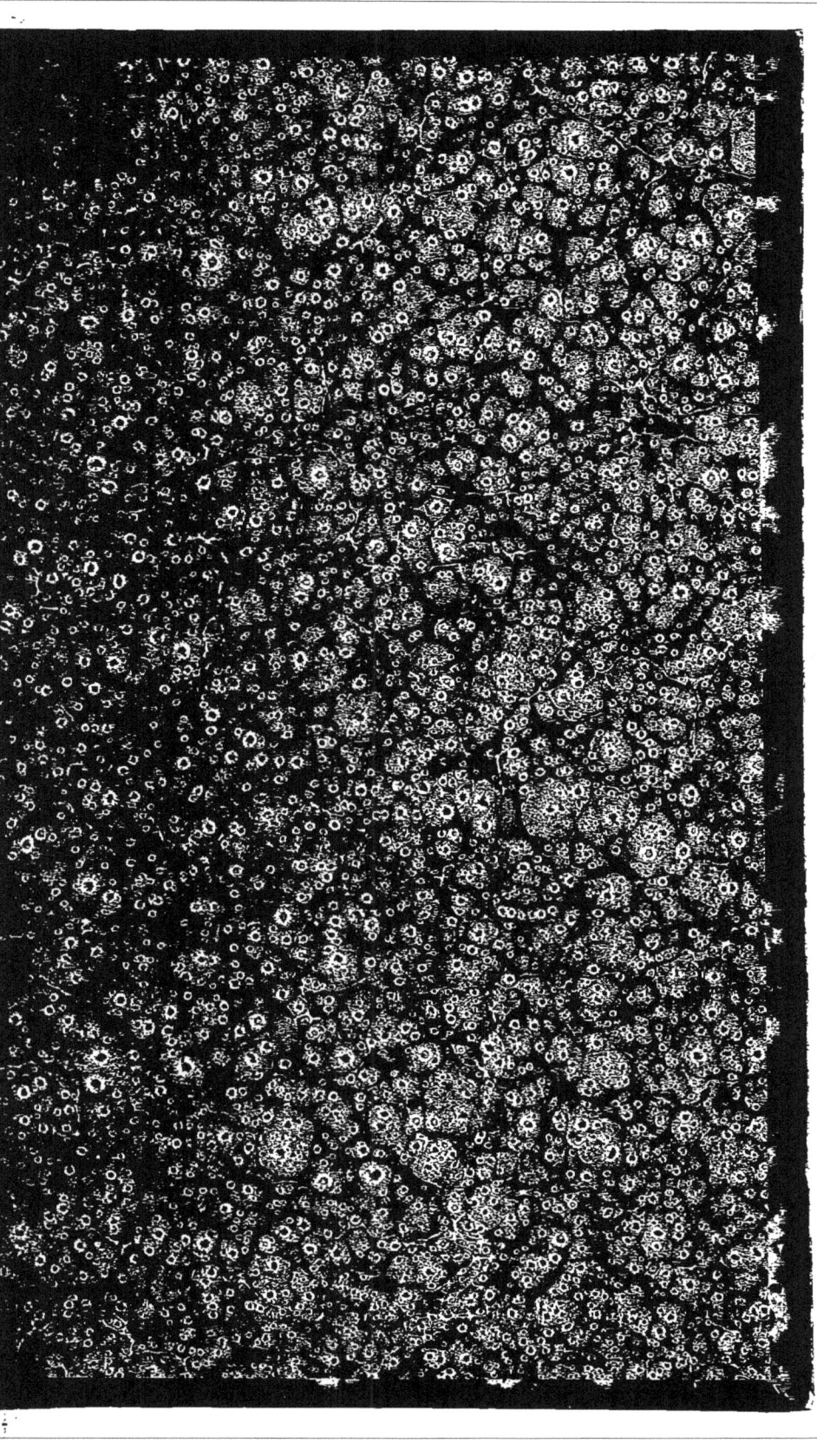

www.ingramcontent.com/pod-product-compliance
Lightning Source LLC
Chambersburg PA
CBHW050425170426
43201CB00008B/545